Renaciendo
COMO EL AVE FÉNIX

EDITORIAL
SHANTI NILAYA

Renaciendo como el Ave Fénix
D.R. © 2024 | Yolanda Oralia Becerra Tapia

Todos los derechos reservados
1a edición, 2024 | Editorial Shanti Nilaya®
Diseño editorial: Editorial Shanti Nilaya®

ISBN | 978-1-966206-28-6
eBook ISBN | 978-1-966206-29-3

La reproducción total o parcial de este libro, en cualquier forma que sea, por cualquier medio, sea éste electrónico, químico, mecánico, óptico, de grabación o fotocopia, no autorizada por los titulares del copyright, viola derechos reservados. Cualquier utilización debe ser previamente solicitada. Las opiniones del autor expresadas en este libro, no representan necesariamente los puntos de vista de la editorial.

El proceso de corrección ortotipográfica de esta obra literaria fue realizado por el autor de manera independiente.

www.editorial.shantinilaya.life

Renaciendo
COMO EL AVE FÉNIX

Cómo encontrar el sentido a la vida
después de una pérdida

YOLANDA ORALIA BECERRA TAPIA

*La fuerza no viene de la capacidad corporal,
sino de la voluntad del alma.*
Gandhi

A mis Ángeles en el cielo: mi mamá, mi abuelita y mi hermano, quienes siempre han estado a mi lado y muy cerca de mi corazón. Su recuerdo me inspira a seguir volando alto.

A mi hermosa familia: mis hermanas, mis sobrinas y sobrinos nietos. Su presencia siempre me ha motivado a salir adelante y estar siempre ahí para ustedes.

A mi esposo, Juan José Treviño Márquez, quien desde hace 17 años camina a mi lado, acompañándome y apoyándome en todos mis proyectos.

AGRADECIMIENTOS

Agradezco a Dios, por darme otra oportunidad de vida. Por tantas lecciones que me ha dado a lo largo de mi camino. Por acompañarme y llevarme de su mano en los momentos más difíciles.

A Marty Halley, escritora y editora, con una gran trayectoria, quien con su calidez humana y un gran profesionalismo que la caracterizan, me ayudó paso a paso, en la realización de este libro. Sus comentarios, palabras de ánimo y aportaciones me impulsaron a continuar con este proyecto.

ÍNDICE

AGRADECIMIENTOS   13
PRÓLOGO DE LA AUTORA   17

Capítulo 1.
EL MURMULLO EN LAS PAREDES   23

Capítulo 2.
RECOGIENDO LOS PEDAZOS DEL ALMA   47

Capítulo 3.
REGRESAR A LA NORMALIDAD   59

Capítulo 4.
LA FUNCIÓN DEBE CONTINUAR   71

Capítulo 5.
**INICIANDO UNA VIDA EN SOLEDAD
EL PUNTO DE QUIEBRE.**   89

Capítulo 6.
DE REGRESO A CASA   113

Capítulo 7.
**EL MOMENTO CRUCIAL,
UN SUCESO IMPORTANTE EN MI VIDA**   125

Capítulo 8
**ENTRE PLANTAR Y COSECHAR EXISTE
UN REGAR Y ESPERAR**   149

Capítulo 9.
TREINTA AÑOS DESPUÉS...EL REENCUENTRO   167

PRÓLOGO DE LA AUTORA

Este libro es la historia de una mujer que en el temblor de 1985 en la Ciudad de México perdió algo más que su casa y todas sus pertenencias, perdió a tres de las personas que más amaba y que formaban parte de su vida y de su historia: su mamá, su abuelita materna y su hermano Mario. Esa mujer soy yo y, 38 años después, quiero contar esta historia, por todo aquello que implicó esta pérdida, por los procesos que tuve que llevar a cabo sin perder la esencia de mi ser.

En la actualidad, ocurren muchas tragedias: guerras, sismos, tsunamis, accidentes, etc., en los que pierden la vida muchas personas y sus seres queridos apenas tienen tiempo para procesar lo ocurrido. La inmediatez y las múltiples ocupaciones y compromisos que cumplir, nos obligan a no procesar adecuadamente el duelo. Además, el ser humano teme enfrentarse al dolor, a revivirlo para poder sanar. Muchas veces las personas cargan con todo ese dolor durante años, décadas, incluso durante toda su vida. Lo que lleva a que muchas de estas personas padezcan enfermedades psicosomáticas, causadas por emociones como: la tristeza, el enojo, etc. Entre estas enfermedades está el cáncer, colon irritable, dolores de cabeza, insomnio, dermatitis, etc.

Este libro se realizó con mucha consciencia y responsabilidad, pensando en aquellas personas que han sufrido la pérdida de algún ser querido por fallecimiento, separación o porque la vida los ha llevado a desvincularse. También está pensado para aquellas que se encuentran en un proceso de duelo por enfermedad, todo esto de manera inesperada y repentina.

Mi objetivo es inspirar a otras personas y compartir lecciones de vida. ¿Cómo se puede inspirar a otros? Estamos viviendo en un presente en el que escribir, pensar o hablar se han convertido en todo un reto debido al rápido avance de la tecnología y de la inteligencia artificial que nos han facilitado las cosas. Sin embargo, creo que se puede rescatar esta idea de escribir para inspirar a otras personas. Pienso que solo se puede hacer mediante el ejemplo, con las vivencias, con la manera de afrontar las situaciones difíciles que se nos presentan a lo largo de nuestra vida.

Es importante mencionar que el ser humano es vulnerable, perfectible y que puede aprender a lo largo de la vida. Un evento no nos define, tampoco las acciones que pudimos realizar en una determinada etapa de nuestra vida. Las experiencias vividas nos dan la madurez que no teníamos en ese momento. A lo largo de mi vida, especialmente en la etapa de la preparatoria, descubrí mi interés por ayudar a los seres humanos y, en general, a todas las especies que habitamos en la tierra. Esto me motivó a estudiar dos carreras enfocadas a tal fin como lo son Trabajo Social y Psicología. Posteriormente realicé una especialidad en Psicoterapia Familiar. Por tal razón considero necesario ofrecer algunas herramientas de la psicología que adquirí a lo largo de este proceso de vida.

Uno de los autores que siempre me ha inspirado a salir adelante en las crisis emocionales en las que me he encontrado es Vicktor Frankl, quien era un médico psiquiatra que estuvo preso en los campos de concentración nazi. Mataron a su esposa y a sus padres frente a él y también vio morir a sus amigos y compañeros dentro del campo de concentración. No obstante, aconsejaba a los que estaban cerca de él, los escuchaba y les animaba a continuar viviendo con ánimo, a pesar de los horrores que estaban viviendo, a pesar del frío y el hambre. Recuerdo un fragmento de su libro, *El hombre en busca de Sentido*, en el cual Viktor estaba con sus compañeros en una noche fría, dentro de las sucias barracas. Imaginaban que cenaban deliciosos platillos en lugar de lo que estaban comiendo. Esto les hacía sentir un pequeño momento de alegría y entusiasmo, pues imaginaban que cuando salieran de ahí, degustarían esos deliciosos platillos. Muchos de ellos no lograron salir con vida de ese lugar, sin embargo, Viktor logró que esa noche durmieran tranquilos.

Viktor Frankl plantea teorías únicas sobre el sentido de la existencia humana y el propósito de la vida. A través de su obra, Frankl subrayó la importancia de lograr un significado y propósito a través de la vida y el desarrollo de valores personales. El lema de Viktor Frankl se refleja en su libro: "Vive como si el día fuera tu último día", basado en su propia experiencia en los campos de concentración nazis. Este libro me ha ayudado a contestar la siguiente pregunta: ¿cómo darle sentido a la vida cuando sientes que has perdido todo lo que se lo daba?

Esta historia también la he relacionado con la del Ave Fénix que, según las antiguas leyendas, era un ave mitológica que poseía la extraordinaria capacidad de, una vez llegada su muerte, arder hasta consumirse para posteriormente resurgir, renaciendo nuevamente de sus propias cenizas.

A continuación, les contaré una de las experiencias que marcaron mi vida, un parteaguas en mi existencia y en la de mi familia. Creo que las experiencias difíciles que viví en etapas anteriores fueron importantes y de gran valor para convertirme en una persona resiliente, sin embargo, la experiencia que les contaré superó todo lo que en aquel entonces pudiera imaginar o creer sobre los problemas familiares, personales, etc. Este libro comprende temas como la depresión, la ansiedad, la resiliencia y el proceso de duelo. Es un libro que me hubiera gustado leer en aquella etapa de mi vida en la que sentí que mi vida ya no tenía sentido, en la que no comprendía el verdadero significado del sufrimiento y del dolor a una edad muy temprana en la que aún me faltaba tanto por aprender. El aprendizaje fue demasiado difícil y mucho más porque no contaba con el apoyo familiar y social; cuando no existían en ese entonces redes de apoyo para obtener ayuda psicológica o grupos de ayuda mutua.

Yolanda Oralia Becerra Tapia
Ciudad de México, 22 de mayo del 2024

Capítulo 1.

EL MURMULLO EN LAS PAREDES

Estoy en un lugar oscuro, no puedo ver nada. De pronto todo aquel ruido inesperado se ha transformado en un silencio que me asusta. Solo siento apenas mi mano derecha y algo pesado en mi espalda que no me permite mover ninguna parte del cuerpo. Estoy acostada boca abajo y debajo de mí hay algo muy suave que oprime la parte delantera de mi cuerpo, pero, de todos modos, no puedo moverme. Muy cerca de donde estoy escucho la voz de mi abuelita, pero no la puedo ver. Desperté y creí que estaba soñando, creo que se trata de una pesadilla y en cualquier momento se va a acabar. Hace apenas unos minutos me encontraba en el baño de la casa, estaba preparándome para salir, comenzaba el día. De repente todo cambió y estoy aquí, tratando de asimilar las cosas y de entender qué fue lo que pasó.

¿Cómo llegué aquí? ¿Dónde estoy? Parecía que sería una mañana como cualquiera en la Ciudad de México. Me levanté a las 6 a.m. porque estaba de vacaciones de la universidad. En tiempo de clases me despertaba a las 5 a.m. para la entrada a las 7 a.m. a la Escuela Nacional de Trabajo Social en la UNAM. Estaba feliz de haber podido ingresar a esta escuela en Ciudad Universitaria; me sentía afortunada; ese era un sueño que me había forjado desde hacía algún tiempo. Ese día iría a ver a una amiga que estaba internada en el Centro Médico siglo XXI, por eso me levanté más temprano de lo usual en tiempo de vacaciones. Después, me iría a inscribir al segundo semestre de mi carrera. Más tarde tenía planeado ir a comprar la despensa en compañía de mi mamá, quien también estaba de vacaciones en su trabajo; por eso no había salido temprano y estaba en casa. Ella era secretaria en las oficinas del Instituto Mexicano del Seguro Social. Por cierto, era la mejor, los ejecutivos siempre la solicitaban en su equipo de trabajo. Mi hermana menor, de 12 años, ya se había ido a la escuela. Ella estudiaba en la Escuela Secundaria Ana Ma. Berlanga No. 2. Era una excelente estudiante, siempre me sorprendió su capacidad de memoria; no tenía que estudiar demasiado para aprender. Era muy traviesa y extrovertida. Mi hermano Mario, de 17 años, aún estaba en su recámara dormido. Recuerdo que la noche anterior me pidió que lo despertara para que le diera tiempo de arreglarse y acudir a la prepa. Me parece que la escuela donde él estaba estudiando en ese tiempo le había agradaba, a diferencia de las otras escuelas donde había estudiado, en este nuevo plantel, sus calificaciones estaban mejorando. Además, tenía una gran motivación: su novia Lety, quien se encontraba en el mismo salón. Últimamente lo había visto más contento y más cariñoso con nosotras, sus hermanas, y con mi mamá. Me daba mucho gusto verlo así; él generalmente era muy reservado y no demostraba sus sentimientos abiertamente. Mi hermana Claudia estaba en su departamento con Sergio, su esposo, y con mis sobrinas Erika, Claudia y Diana, las tres muy pequeñas aún. Claudia se casó a los 18 años y en ese momento tenía 23 años. Vivían cerca de nuestro domicilio, por lo que siempre estábamos en comunicación con ellos.

    Nosotros vivíamos en un edificio antiguo de 5 pisos con 13 viviendas. Rentábamos un departamento muy amplio, con 2 recámaras, sala, comedor y un pasillo en la entrada. Yo dormía con mi abuelita y mi hermana menor en la habitación del fondo, a la que se llegaba por un pasillo con ventanas que daban a lo que llamaba mi abuelita "un cubo de luz", en donde se observaban las ventanas de los departamentos contiguos. La recámara donde dormíamos era muy grande y tenía una ventana por donde se podía ver la calle. Nuestro departamento era el número 6, en el segundo piso. Para llegar era necesario subir un buen número de escaleras empinadas a la entrada del edificio. La portería se encontraba al terminar de subir. Después había un pequeño descanso, para continuar subiendo por otras largas escaleras de concreto en forma de caracol. Al terminar estas escaleras se encontraban los departamentos, 4, 5 y 6. Para llegar a la azotea había que subir otros dos pisos con las mismas características. Recuerdo que cuando teníamos prisa, era necesario salir con algunos minutos de anticipación, ya que se necesitaba más tiempo para realizar todo el recorrido. Literalmente esa estructura del edificio y sus largas escaleras se convertían en una trampa si en algún momento tuviéramos que salir urgentemente.

    Esa mañana de jueves el sol entraba por las ventanas, saludé a mi abuelita y a mi mamá. Mi abuelita aún estaba acostada, pero despierta. Ella trabajaba mucho lavando nuestra ropa y haciendo la comida, así que se quedó descansando un rato más. Mi mamá ya se había despertado y se encontraba en la sala en compañía de Daisy, una bella perrita joven de color negro, raza cocker spaniel. Era muy cariñosa, quería mucho a mi mamá y en especial a mi hermano. Era la consentida de la familia, además de mis sobrinas. Mi hermano seguía en su habitación, ya lo había ido a despertar como me había pedido; se le dificultaba levantarse por sí mismo y yo era su despertador. Saludé a mi mamá con un beso y después me dirigí al baño.

De repente comenzó a moverse la tierra. "¡Está temblando!", escuché a lo lejos. Me dirigí a la recámara de mi abuelita, ella tenía mucho miedo a los temblores. Aún estaba acostada y me acerqué para hacer oración; siempre lo hacíamos cuando esto sucedía. Comencé a sentir como si la tierra nos estuviera meciendo y entonces pensé que en algún momento se iba a detener, como en otras ocasiones. Sin embargo, cada vez se sentía más fuerte, continuaba moviéndose todo, pero esta vez sentía que el edificio se movía de arriba hacia abajo, de un lado a otro de una manera muy violenta. Entonces comenzó a crujir toda la estructura del edificio, las paredes comenzaron a quebrarse y los vidrios se estrellaron ante nuestros ojos incrédulos. En ese momento, asustada, intenté levantar a mi abuelita con mis dos manos, pero ya era demasiado tarde. No recuerdo cómo se cayó todo, tal vez en algún momento me desmayé, todo aún es muy confuso.

Los recuerdos que vienen a mi mente son: en la oscuridad y el silencio absoluto la voz de mi abuelita pidiendo ayuda. Fue entonces cuando me di cuenta de que había algo muy pesado sobre mi espalda que no permitía moverme. Me encontraba acostada boca abajo en la cama de mi abuelita, no podía ver nada. Originalmente me encontraba sentada, pero fue tal el impacto, que de alguna manera cambió la posición de mi cuerpo al caer las paredes y techos. Mi brazo izquierdo había quedado atorado, junto con el resto de mi cuerpo. Sólo podía mover con dificultad el brazo derecho, así que con mi mano pude tomar la de mi abuelita y le dije con tristeza que no podía ayudarla. Hasta ese momento no sabía si se trataba de una pesadilla de la cual despertaría, pero poco a poco me di cuenta de que se trataba de una realidad triste y terrible.

En esos instantes vinieron a mi mente muchas cosas. Pensé que todo había acabado, que era el fin del mundo. Imaginaba escenas apocalípticas en las que habría obscuridad, el cielo de color rojo y los ángeles con sus trompetas anunciando el final. Esta escena surgió a partir de los relatos de mi abuelita sobre cómo sería el último día de la humanidad sobre la tierra. Seguía sumida en mis pensamientos y fue entonces cuando le hablé a mi abuelita y ella ya no me contestó, su mano ya no tenía fuerza, su voz se fue apagando. Presentí que se había ido y que yo lo haría muy pronto, no había manera de salir de ahí. Ese era el fin de nuestras vidas. Lloré y le rogué a Dios por nosotros, por mi familia, pensando que ellos estarían en las mismas condiciones que yo. Me dolió pensar que jamás los volvería a ver. También pensé que hubiera sido inútil intentar escapar mientras temblaba la tierra, antes de que cayera todo, pues mi departamento y el edificio donde vivía era una trampa enorme y con muchas escaleras; no hubiéramos podido llegar ni siquiera al comedor.

Por un momento me resigné, seguí orando y esperé a que llegara el final. El aire me empezaba a faltar y sentía dolor en todo mi cuerpo. Entonces recordé los momentos felices que pasé al lado de mi familia, pensando con dolor que todos mis sueños y planes se habrían quedado ahí, debajo de los escombros aquella mañana de jueves 19 de septiembre de 1985 a las 7.19 am. Ese día un sismo de 8.1 grados azotó a la Ciudad de México; el día que cambió la historia de mi país y también la mía de una forma que jamás imaginé.

Todo empezó cuando nos cambiamos de domicilio, ese día fue muy triste para mí. Tenía 7 años y me gustaba mucho el departamento donde vivíamos, ahí pasé momentos muy felices jugando con mis hermanos. En ese lugar viví durante 2 años, de los 5 a los 7. Aunque era pequeña recuerdo muy bien la dirección: María Enriqueta Camarillo 12 D, en la colonia Santa María la Ribera. Mi familia y yo nunca tuvimos casa propia, por lo que rentábamos frecuentemente algún departamento en esta colonia donde pasé mi niñez, adolescencia y parte de mi juventud.

La colonia se distinguía por tener un parque muy grande y su principal atracción era el quiosco Morisco, diseñado por José Ramón Ibarrola para que fuera el stand de México en la Exposición Universal de 1884, en Nueva Orleans. Su estructura se hizo en Pittsburgh, completamente de hierro y desarmable. Después, fue trasladado a un lado de la Alameda Central de la Ciudad de México, en 1906. En 1908 Porfirio Díaz decidió que en su lugar se construiría el Hemiciclo a Juárez, por lo que fue colocado en la Alameda de Santa María la Ribera y el 26 de septiembre de 1910 fue reinaugurado en su nueva ubicación ahí, en la colonia de la que tengo muchos recuerdos. En este quiosco pasé diferentes momentos de mi vida. Desde mi niñez cuando nos llevaban mi mamá y mi abuelita Emma a jugar con mis hermanos. Después, en mi adolescencia cuando iba a patinar con mi hermana mayor y con una amiga. En mi juventud iba con mis amigos de la iglesia a jugar, a correr, y alguna vez fui con uno de mis novios a platicar y a componer alguna canción para mis seres queridos que fallecieron.

En el departamento de María Enriqueta Camarillo jugaba con mis hermanos Claudia y Mario en la sala-comedor, mi hermana menor era aún muy pequeña para sumársenos. Recuerdo que ese lugar me gustaba mucho porque tenía dos ventanas por las que entraba mucha luz, la luz del sol iluminaba tenuemente a través de las cortinas. El color que predominaba era el azul claro que cubría todas las paredes, creo que así fue como se convirtió en mi favorito. Muy cerca de ahí se escuchaba una melodía de Frank Porcel, *Morir de amor*, que me remonta a la tristeza que sentía en esa etapa de mi vida, ¿qué tristeza podía tener una niña de 7 años?

En cambio, el edificio donde nos cambiamos era muy grande. Se encontraba a unas cuadras de donde vivía anteriormente, en la calle de Eligio Ancona. Desde un principio me llamaron la atención las escaleras por las que había que subir hacia el departamento donde vivíamos, eran grandes y numerosas. El departamento también era muy amplio, con vista al exterior, se podían ver otros edificios y la Torre Insignia, con una estructura es similar a la de un triángulo. En la parte alta del edificio había una azotea con cuartos de servicio y, subiendo unas escaleras de fierro, se encontraban las jaulas de tendido. Al principio no me gustaba el departamento, pero poco a poco me fui acostumbrando a ese nuevo ambiente en el que viví durante 15 años. Muchas cosas sucedieron durante ese tiempo: mis hermanos y yo crecimos, pasamos de la niñez a la adolescencia y mi hermana Claudia se casó. La extrañé mucho, dormía junto a mí, en la misma recámara de mi abuelita. Recuerdo que lloraba en las noches al ver su cama vacía. Pero muy pronto mi hermana menor la ocupó y así no me sentía tan sola. Además, mi abuelita nos hacía compañía.

En el closet de esa recámara y en su ropero mi abuelita guardaba muchas cosas. En el closet encontrabas de todo: desde comida preparada, ingredientes, juguetes y ropa. Recuerdo que todos los meses de octubre, ella preparaba dulce de calabaza que nos encantaba a todos. Emita, mi abuela, tenía una sazón especial que aún recuerdo con cariño, nadie lo hace igual como ella lo hacía. Por esta razón, ella lo guardaba en el closet para evitar que mi hermano se lo comiera por las noches. Sin embargo, él era tan hábil que lograba entrar a hurtadillas a la recamara a comer un poco de ese delicioso manjar.

En ese closet que, por cierto, era muy grande, también guardaba mi muñeca Tití que le pedí tantos años a Santa Claus y nunca me la llevó. Mi mamá me la compró cuando cumplí 12 años de edad, creo que estaban esperando a que fuera una niña más grande y responsable para poder cuidarla, y así fue, porque la quería y la cuidaba mucho. Pasaba horas peinando su largo cabello castaño y mirando su hermosa carita. Era una muñeca musical que mecía a su pequeño bebé con ternura. Creo que Tití tiene mucho que ver conmigo porque, aunque no logré ser mamá, siempre traté con amor y ternura a los niños y a los animalitos. Además, soy muy sensible al dolor de los demás.

Cuando tenía unos 17 años conocimos a nuestros amigos de la iglesia. Sucedió que un domingo que fuimos a misa con mi mamá un grupo de jóvenes cantaban alabanzas muy bonitas, se trataba del coro de la Legión de María. Mi mamá preguntó cómo podríamos integrarnos y al domingo siguiente mi hermana menor y yo ya formábamos parte de ese grupo. Eran jóvenes pertenecientes a la iglesia católica, que realizaban actividades en su tiempo libre como: cantar en el templo y dar a conocer la palabra de Dios a los demás. Íbamos a rezar el Rosario a las vecindades, visitábamos enfermos y también acudimos a diferentes partes del Estado de México como misioneros. Puedo decir que pasé los mejores años de mi adolescencia y parte de mi juventud en la Legión de María. Allí conocí jóvenes de mi edad, con los mismos valores e intereses. Dentro de sus grupos tuve a mi primer novio y a mis mejores amigos. Recuerdo que, en alguna ocasión, cuando miraba desde la calle el edificio donde vivía, observaba una grieta cerca de la ventana de la recámara de mi abuelita. Mis amigos bromeaban diciendo que yo escapaba en las noches por ahí. Jamás hubiera imaginado que aquella grieta potenciaría el derrumbe de aquel edificio que terminaría con la vida y los sueños de tantos niños, jóvenes, adultos y mascotas y que, además, cambiaría la vida de los sobrevivientes de aquel triste y terrible suceso. Nunca imaginé que mi familia y yo formaríamos parte de esta historia tan dolorosa.

Dentro de ese lugar obscuro donde me encontraba ya era imposible sentir calma. Comencé a sentir ansiedad al pensar que mi muerte no sería nada agradable, podría ser por asfixia, ya no podía respirar. Ya había agotado las oraciones que me enseñaron mi abuelita y los grupos de la iglesia, además, ya no podía seguir hablando porque se acababa el aire. Dentro de ese silencio sepulcral, hubo un momento en el que escuché voces en el exterior. Con el poco oxígeno que me quedaba, se me ocurrió pedir auxilio. "Ayúdenme por favor", grité sin saber sí me habían escuchado. No sabía exactamente en qué parte de lo que fue el edificio nos encontrábamos mi abuelita y yo. Nunca me olvidé de ella, quería que nos sacaran a todos: a mi mamá, mi abuelita, mi hermano, mi perrita y a mí. Tampoco sabía cómo estaban las cosas afuera, tal vez, como imaginé, el cielo estaba rojo y un grupo de Ángeles rescataban a quienes se habían salvado en ese día del fin del mundo. Desconocía si mis hermanas y mis sobrinas estaban a salvo o también habían fallecido.

De pronto empecé a escuchar que golpeaban arriba de los muros que estaban sobre mi espalda, lo hacían con una especie de martillo grande. "¿En dónde estás? ¿En qué posición te encuentras? ¡Háblanos para poder ayudarte!" Era una voz masculina, contesté: "Estoy boca abajo, casi no puedo respirar. Estoy atorada, no me puedo mover, pero tengo mi brazo derecho libre. Está mi abuelita conmigo. Creo que ella está acostada boca arriba, no puedo verla, sólo puedo tocar su mano". Entonces comenzaron a hacer un agujero del lado izquierdo de donde se encontraba mi cabeza. Por ese agujero pasaron una manguerita con oxígeno que tomé con mi mano derecha para colocarla en la nariz, mientras ellos me seguían preguntando sobre la posición en la que estaba. El oxígeno que recibí en ese momento me devolvió la calma y la vida. Se escuchaban voces de varias personas a las que no podía ver. ¿Quiénes eran ellos, de dónde sacaron los picos, las palas y la cánula de oxígeno? Nunca lo supe, nunca los vi realmente. Ellos eran esos ángeles humanos que imaginaba dentro de los escombros y que estaban salvando a los sobrevivientes.

Continuaron excavando hasta que pudieron hacer un espacio donde pude mover mi brazo izquierdo y liberar mi cuerpo. En ese momento me tomaron de los dos brazos y me jalaron de tal forma que me sacaron como si fuera un bebé saliendo del seno de su madre. Sentí como si volviera a nacer, aunque ese nacimiento fue muy doloroso, sobre todo por lo que viviría después. El cielo estaba azul y el sol brillaba, eso me sorprendió, no era el fin del mundo como lo pensé. Al salir de ese lugar sentí que dejaba ahí, en esos escombros, una gran parte de mi vida, la vida de mi familia, los recuerdos y vivencias de tantos años. Todo se destruyó en unos minutos. Quienes me sacaron no fueron soldados ni bomberos, alcancé a ver que eran personas comunes y corrientes, reconocí a un vecino de la cuadra, pero no pude hablar con nadie, actuaron con mucha rapidez, solo podía decirles que estaba conmigo mi abuelita, que la sacaran por favor. Las personas que me sacaron me subieron a una ambulancia sin decir nada más.

    Se cerró la puerta de la ambulancia, iba sola con el chofer quien no me decía ni una palabra; supuse que me llevaría a una clínica o a un hospital. En el camino vi que todos los edificios estaban de pie, eso me hizo sentir más confundida y angustiada. No se cayeron todos los edificios, entonces, ¿qué fue lo que pasó? Llegué al Hospital Rubén Leñero, me colocaron en una camilla y me recibió un grupo de médicos y enfermeras que me revisaron rápidamente. Escuché que uno de ellos decía: "No tiene ningún daño, llévenla a la sala general". Detrás de mí había una larga fila de personas que también habían sido rescatadas de los escombros y que los médicos iban a revisar. La sala donde me llevaron estaba llena de personas lastimadas que lloraban. Yo comencé a llorar también y les pregunté por mi familia sin recibir respuesta, todos estaban tan confundidos como yo. En ese momento llegó un sacerdote que nos llevó a la Comunión. Al acercarse a mí le dije que no sabía nada de mi familia; me contestó que él tampoco, pero estaba haciendo oración por todos nosotros y que me recomendaba comulgar, para sentir un poco de alivio.

 Después de un rato seguía llorando, confundida, desesperada, desconocía el motivo por el cual me habían llevado allí y lo que sucedería después. Entonces se acercó un joven quien, me comentó que estudiaba en el CONALEP y que su escuela se había caído, que muchos de sus compañeros murieron y a él lo rescataron de los escombros. Su cara se veía muy lastimada y su ropa estaba llena de tierra. Yo no sabía cómo me encontraba físicamente ni como estaba mi ropa; después supe por mis hermanas que mi cabello estaba blanco de tanta tierra, lo mismo que mi ropa. Los médicos rasgaron mi vestido y me pusieron una especie de bata para dormir, no sé de quién.

"Mi casa también se cayó y no sé nada de mi familia", le dije al joven. Él me contestó: "Yo te aconsejo que no llores más; va a venir la Trabajadora Social y te va a pedir tus datos. Si sabe que tu casa se cayó te van a llevar a un albergue. ¿Tienes algún familiar? tal vez te lleven a su casa". "Si, mi hermana mayor", le contesté, "Aunque no sé si su casa también se cayó". "Entonces dales ese domicilio para que te lleven ahí", agregó. Ese joven misterioso desapareció, no lo volví a ver durante el tiempo que estuve en esa sala. ¿Quién es? me pregunté, ¿por qué se acercó a mí?, ¿cómo es que tiene toda esa información? Durante muchos años lo consideré un ángel, gracias a él supe lo que tenía que hacer.

Todo ocurrió tal y como él me dijo. La trabajadora social me pidió la dirección de algún familiar y entonces me subieron a una ambulancia junto con otras personas y me llevaron a la casa de mi hermana Claudia.

Al llegar vi que su edificio no se había caído. Mi hermana se encontraba en la calle junto con otras personas. Cuando nos encontramos nos abrazamos y no hice otra cosa más que llorar. Tenía mezcla de emociones en ese momento, entre la alegría de haber sido rescatada, de saber que mis dos hermanas, mi cuñado y mis sobrinas estaban bien, hasta la angustia porque Claudia me comentó que no encontraban a mi mamá, a mi abuelita, a mi hermano ni a Daisy.

Cuando subí al departamento de mi hermana me encontré a mi hermana menor con su uniforme de secundaria y a Lety, la novia de mi hermano. Llorando nos abrazamos. Poco a poco fueron llegando nuestros amigos de la iglesia. Había mucho movimiento, mucha gente en el pequeño departamento de mi hermana. Mis sobrinas estaban en la casa de su abuela paterna. Claudia y Sergio, mi cuñado, se dedicaron a la búsqueda de mi mamá, mi hermano, mi abuelita y Daisy, mientras mi hermana menor, Lety y yo éramos custodiadas por nuestros amigos. Recuerdo que alguien nos dio una pastilla para dormir, nosotras insistíamos en ir a los escombros a ayudar en la búsqueda, pero Claudia no lo permitió, nos encontrábamos muy alteradas y nerviosas. Yo quería ir a buscarlos, a quitar piedra por piedra hasta dar con ellos, así como me encontraron a mí; sin embargo, mis amigos me dijeron que ya había mucha gente, muchos civiles ayudando, y que, además, no me iban a permitir entrar a los escombros por el estado emocional en que me encontraba. Yo seguía llorando y repitiendo que mi abuelita estaba conmigo debajo de los escombros. Dicen que yo traía su cobija en mis manos. Realmente eso no lo recuerdo.

A eso le siguieron momentos de mucha confusión. Me enteré que mi edificio fue el único que se derrumbó en la colonia, eso me causó mucho enojo y tristeza. Hasta la fecha, aún sigo lidiando con esos sentimientos. Hasta ese momento no sabíamos la magnitud y los daños que había causado el terremoto en toda la ciudad, sólo veíamos nuestra desgracia, nuestro dolor. La Ciudad de México se quedó sin luz y sin agua durante dos días por lo que no podíamos ver las noticias en la televisión.

Mario, mi papá, llegó más tarde diciendo que mi hermano se encontraba en el hospital Rubén Leñero y que iba a pasar a cirugía. Mis hermanas y yo sentimos alivio, bueno, al menos lo encontraron a él y ya lo están atendiendo, solo faltaba encontrar a mi mamá y mi abuelita ▫aunque nunca entendí por qué no la encontraban si les dije a las personas que me sacaron que mi abuelita estaba junto a mí. Queríamos ir a ver a mi hermano al hospital, pero Mario dijo que él se encargaría de cuidarlo. Nos dijo que preguntó por nosotras. "Le dije que todas estaban bien, incluyendo a tu mamá y a tu abuelita, para que no se preocupara más. Bimbo (como le decíamos de cariño) está bien", nos comentó con aspecto de preocupación.

Un poco nervioso mi papá nos fue contando sucesos que sentí como dagas clavadas en el corazón. Llegó más tarde con una de las noticias más tristes y dolorosas que han lastimado mi vida y mi corazón y de la que jamás me he vuelto a recuperar: mi hermano Mario no resistió la cirugía y murió. Lloramos mucho; nunca pensé que el dolor podría tener tan altas dimensiones.

La siguiente noticia fue otra daga que se insertó de manera muy profunda en mi corazón. Fue hasta la noche de ese fatídico día en que por fin encontraron a mi abuelita y a mi mamá, pero sin vida. Sergio encontró a mi mamá gracias a Daisy, quien también estaba entre los escombros y ladró al escuchar a los rescatistas. Al sacar a la perrita, encontraron a mi mamá sin vida muy cerca, con su carita muy lastimada. Sergio no se separó de ella en ningún momento, Claudia tampoco lo hizo al encontrar a mi abuelita en el Semefo. No entiendo cómo pudimos resistir tanto dolor mis hermanas y yo. En ese momento hubiera querido que no fuéramos nosotras quienes estábamos pasando por eso, que fuera una pesadilla, sin embargo, era una dura y cruel realidad.

Cuando llegó Daisy al departamento de mi hermana nos alegramos mucho. Su pelo negro estaba lleno de tierra igual que el mío; movía su cola, no sé si de alegría o de nerviosismo. Tan solo si pudiera hablar y contarnos cómo es que ella estaba junto a mi mamá, seguramente trató de protegerla durante el derrumbe.

Esa noche no pudimos dormir, no había manera de hacerlo. Sabíamos que ya habían encontrado a nuestros seres queridos, pero aún no los teníamos con nosotros. Mis hermanas y yo nos mirábamos desconcertadas sin saber qué decir. Nos encontrábamos orando frente a una veladora. Claudia dijo de repente que sabía que mi hermano ya no estaba vivo. Esto nos lo dijo antes de que llegara Mario con la noticia. Ella y mi hermana menor siempre han tenido un don especial para presentir algo que va a ocurrir. Las tres sabíamos que la pesadilla iba a continuar, pero no la manera en la íbamos a enfrentar, tan jóvenes y sin ellos. Nadie imagina lo que sigue después de una tragedia como esa, la vida ya no es igual, todo cambia: la forma de pensar, de sentir, de sobrevivir sin tus seres queridos; es un proceso largo y difícil de caminar y de asimilar. Es como tratar de armar un rompecabezas cuyas piezas están incompletas. El corazón, el cerebro, el cuerpo solo actúan por inercia, estás como ausente mientras tu cuerpo, tu mente y tu alma asimilan lo ocurrido.

Fue hasta el día siguiente, cuando asistimos a su funeral y pudimos ver a los tres juntos con su rostro inexpresivo, tal vez con un gesto de dolor, inertes, sin vida. En ese momento no podía creer que fueran ellos. ¡No podían ser ellos, si apenas los vimos con vida dos días antes, hablamos, reímos, comimos, le pedí permiso a mi mamá para ir al cine! Ahora no teníamos nada. No teníamos casa, ni muebles, ni libros, nada de lo que mi mamá logró comprar con tanto esfuerzo. Se había quedado debajo de aquellas paredes todo lo que alguna vez fue nuestro hogar. Sin duda, lo más doloroso fue perderlos: a nuestra madre, a nuestra abuela y a nuestro hermanito. Tal vez hubiéramos podido resistir quedarnos sin cosas materiales que se recuperarían después, pero a nuestros seres queridos jamás los volveríamos a ver, al menos no en esta vida. Mis hermanas y yo nos sentíamos tan desdichadas, tan vulnerables, no entendíamos por qué ellos tenían que morir de esa manera. ¿Por qué Dios nos había abandonado? ¿Por qué a ellos si eran buenas personas y no hacían daño a nadie?

Había mucha gente en el velatorio, pero yo me sentía como en una nube, no veía nada, no distinguía quienes estaban ahí. Pude ver a mis hermanas y a mis amigos de la iglesia, lo más valioso que tenía en ese momento. Había una prima llorando y solo la miré sin decir nada; yo actuaba automáticamente, como un robot. En aquel ambiente triste y confuso, me aferré a la presencia de mis hermanas. Las tres intentábamos apoyarnos en aquellos momentos en los que no era posible ser fuertes. Hubiera querido morir con ellos, hubiera querido evitar ese dolor para mí y para mis hermanas.

Mis amigos de la iglesia cantaban alabanzas y todos hacían oración. Esa misma noche, 20 de septiembre, volvió a temblar. Todos los asistentes al velatorio corrieron aterrados mientras yo decía que quería quedarme con ellos, con mis seres queridos, pero mi amigo Juan Martin, quien estuvo cerca de mí en ese momento y en las horas siguientes me dijo: "Ellos ya no están ahí, ellos están con Dios, vamos con tus hermanas, ellas te necesitan". Sus palabras me dolieron, pero muy dentro de mí sabía que mi amigo tenía razón. Volví a sentir terror, pensé que se caería la funeraria, las casas de los amigos que nos acompañaban, la casa de la abuela de mis sobrinas, donde ellas estaban en ese momento. Afortunadamente no fue así. Después supimos que se trató de una fuerte réplica que terminó de tirar los edificios que se habían dañado con el sismo del día anterior.

Al día siguiente el amanecer seguía siendo gris, era el día del funeral. ¡Qué dolor tan grande! ¡No sé si se pueda sufrir más! En mi corazón había una profunda tristeza al saber que nunca más volvería a platicar con mi mamá sobre planes del futuro o sobre mi escuela, que jamás volvería a esperar a mi hermano cuando llegaba del colegio, que jamás escucharíamos las historias que mi abuelita nos contaba sobre su vida. Que todo quedaría en el recuerdo, como en un sueño. ¡Nos despedimos de ellos para siempre!

A aquellos momentos de dolor surgieron varias preguntas en mi mente y en mi corazón ¿Por qué tenían que morir así mis seres queridos? ¿Por qué nos pasó esto a nosotros? ¿Por qué sobrevivimos a este evento tan terrible? ¿Por qué me sacaron de los escombros con vida?

Capítulo 2.

RECOGIENDO LOS PEDAZOS DEL ALMA

De regreso del cementerio todo el ambiente era desolador, una tristeza indescriptible llenaba mi corazón. Tenía sentimientos encontrados, por un lado, se habían hallado a nuestros seres queridos y, por otro, sentía una gran tristeza, no los volveríamos a ver con vida nuevamente, no podría hablar con ellos, ni abrazarlos, tocar sus manos, escuchar su voz. Regresábamos a casa, pero... mi hogar ya no existía, todo aquello que había construido con mi familia había desaparecido, los sueños se habían convertido en una pesadilla, ya no tenía sueños ni esperanzas, tampoco podía sonreír.

Cuando veo las noticias sobre los terremotos, tsunamis, huracanes o todo tipo de desastres naturales que dejan grandes devastaciones y personas afectadas, me doy cuenta de que los rescatistas que logran sacar a las personas de los escombros con vida, aplauden y sonríen. ¡Claro que sí, es motivo de alegría haber encontrado a alguien con vida! Sin embargo, nadie imagina que la pesadilla continúa, no sólo se trata de haber perdido seres queridos, sino de continuar la vida sin ellos, sin hogar, sin esperanzas, con una gran tristeza que nubla nuestros ojos y nuestras vidas. Es como ver hacia adelante con mucho miedo e incertidumbre. Es como caminar en un sendero lleno de sombras y espinas. Mi mente se había bloqueado totalmente y no podía hacer planes a corto o mediano plazo. Estaba tan confundida. Miraba a mis hermanas y ellas tenían el mismo aspecto de tristeza en sus rostros y en sus ojos. No decíamos nada, sumidas cada una en nuestros pensamientos.

Claudia nos ofreció vivir en su departamento con su esposo y mis tres sobrinas pequeñas. Sabía que para ella implicaba un gran esfuerzo, se encontraban en una situación económica difícil y ahora nos sumábamos mi hermana y yo. Sin embargo, ella no iba a permitir que alguien nos quisiera separar. Mi mamá nos hablaba siempre sobre la unión familiar, sobre la prevalencia del amor entre nosotros y que jamás nos separaríamos, mucho menos en un momento tan difícil.

Recuerdo que en esos días no había luz ni agua, se habían roto algunas tuberías y se afectó el sistema eléctrico de la Ciudad de México. Apenas tuvimos oportunidad de bañarnos y de cambiarnos de ropa. Mi tía abuela materna nos llevó algunas prendas mientras conseguíamos nuestra propia ropa. Mis sobrinas regresaron de la casa de su abuela paterna y con ellas su inocencia y juegos que alegraron un poco nuestra triste existencia. Las abracé y les dije cuánto las había extrañado. Parecía que durante esos tres días de oscuridad no se habían dado cuenta de lo que había sucedido en su familia. "¿Dónde están Yaya, Emita y Bimbo? Preguntaban constantemente por sus abuelitas y su tío, a lo que contestamos: "Se fueron al cielo. "¿Podemos ir a su casa?", -preguntaron nuevamente. Mis sobrinas eran unas niñas muy queridas por mi mamá y por todos nosotros. "Es que se fueron con todo y casa, van a tardar en regresar". Se veía cierta desilusión en sus caritas que se borró al ofrecerles un helado. No sé si en algún momento ellas lograron comprender que jamás volverían a verlos. Cuando crecieron, en la adolescencia, volvieron a preguntar por ellos y entonces les tuvimos que decir la verdad. Una verdad que las hizo despertar de un sueño. Claudia y Diana no recordaban mucho a sus abuelitas y a su tío, cuando ellos fallecieron ellas tenían 2 años y 5 meses respectivamente. Erika tenía 4 años y nos contaba que sí se acordaba de ellos, aunque no del todo.

Cuatro días más tarde, nuestros amigos nos avisaron que unas personas estaban entregando objetos que habían rescatado de los escombros, justo enfrente a lo que fue nuestro edificio. Yo no había regresado desde aquel fatídico día del sismo. Vi que unas máquinas retiraban los últimos escombros. Escuché que alguien decía que ya habían rescatado a todos los sobrevivientes y los cuerpos de personas y animalitos que habían fallecido. Por esta razón algunos voluntarios se dedicaron a juntar objetos encontrados y convocar a los vecinos para entregarlos. A lo largo de los años escuché historias que la gente hablaba sobre la rapiña, es decir, hubo gente que iba a los escombros a robar objetos valiosos, dinero, monedas, etc. No sólo en lo que fue mi edificio, sino en todos los que se derrumbaron en la ciudad de México.

Entre esos objetos encontré uno de los discos de mi hermano. Era un disco Long Play de la música que a él le gustaba y que acostumbraba forrar con un plástico especial. Lo tomé y lo abracé, era un recuerdo de mi querido hermano, lo quería conservar.

De repente, alguien quiso arrebatármelo, lo reconocí, era uno de los vecinos del extinto departamento 3. "Deme mi disco, es de mi hermano", le dije mientras forcejeaba con él para tratar de recuperarlo. Entonces escuché la voz de Claudia decirme con profunda tristeza: "Déjalo, nosotros perdimos mucho más, los perdimos a ellos, no pelees más". Estas palabras me hicieron reaccionar y entonces solté el disco, asumiendo que mi hermana tenía razón. Después ella me contó que el vecino solo perdió bienes materiales por lo que quizás le interesaba ver qué podía recuperar de los objetos encontrados, aunque no fueran suyos.

En otro momento vi que sacaban aparatos de televisión, muebles, libros, objetos totalmente destruidos. Más adelante sacaron un niño Dios y grité: "Es de mi abuelita". En esta ocasión nadie me lo quitó. Estaba íntegro, no tenía ningún daño. Lo tomé entre mis brazos y lo miré con ternura, recordando como mi abuelita lo mecía y lo vestía con un elegante atuendo del Niño de las Palomas que aún conservaba.

En ese lugar también encontré a uno de mis vecinos con el que platicaba cuando nos encontrábamos alguna vez en las escaleras, él vivía en el departamento 7. Me contó con mucha tristeza que perdió a siete personas de su familia: a sus sobrinas, a sus tíos y a su perrita. Le conté que yo perdí tres de mis seres queridos, le di mi más sincero pésame sintiéndome identificada con su sufrimiento. Empezaba a comprender el lenguaje del sufrimiento y del dolor, sin embargo, era tan grande, que no sabía cómo expresarlo ni a quien se lo podría decir. Nunca imaginé, ni en mis peores pesadillas, que algo así nos podría suceder. Fue entonces cuando comencé a platicar con mis amigos y con el sacerdote de la parroquia quienes me aconsejaron continuar realizando mis apostolados, visitando enfermos y acudiendo a los pueblos y comunidades como misionera como siempre lo había hecho. Pensaron que el estar ocupada ayudaría a distraerme. Además, encontraría consuelo en la palabra de Dios. Me mencionaron a un personaje de la Biblia llamado Job quien, al igual que yo, había perdido todo lo que tenía, también se había caído su casa, pero que nunca fue abandonado por Dios. Además, yo podría compartir mi dolor con Jesucristo cargando con mi propia cruz. Todo esto sonaba muy bien en teoría, pero en la práctica fue muy difícil.

A partir de estas sugerencias decidí continuar apoyando en los grupos de la iglesia.

En una ocasión nos tocó visitar un albergue donde se encontraban los damnificados del sismo. Al estar ahí sentí una gran angustia; reconocí a algunos de mis vecinos, especialmente a la señora de la portería, la señora Manuela, quien me miraba fijamente y con curiosidad. Su hijo y sus nietos habían fallecido; se había quedado sola. Había mucha gente en ese lugar y mucho movimiento, voluntarios cocinando y sirviendo a los damnificados. Yo iba con mis amigos Ángel, Juan Martín, Socorro y otros compañeros de la Legión de María. Llegó un momento en el que me sentí muy mal al estar en ese lugar. - "¿Qué estoy haciendo aquí, dirigiendo palabras de consuelo a los damnificados si yo también lo soy, si yo también perdí una gran parte de mi vida? Si muchas veces no tengo ganas de levantarme, ni de comer, si no tengo más esperanza. ¿Qué hago en este lugar si no siento realmente sinceras estas palabras de consuelo para otros, si tengo ganas de llorar y desaparecer? -

A partir de ese momento comencé a preguntarme, ¿cuál es el sentido de mi vida después de haber tenido una pérdida tan grande? Las palabras de la Biblia, de lo sucedido a Job, no eran suficientes para aminorar mi dolor. En algún momento pensé que no podría cargar con esa cruz tan pesada. Le pedí perdón a Jesús por no poder compartir esa cruz con él, así como me lo decía el sacerdote. Un sentimiento de enojo que desconocía comenzó a generarse en mí. Me encontraba inconforme con todo, lloraba todo el tiempo, temía que fuera a temblar otra vez, me negaba a seguir estudiando. Fue entonces cuando mis amigos decidieron llevarme a buscar ayuda profesional. Como no teníamos dinero, fuimos a un Centro Comunitario de Salud Mental de la colonia. Me atendió un psiquiatra quienme miraba fijamente. Le conté lo sucedido y me preguntó: "¿Cómo te llevabas con tu mamá?" Yo sólo le dije que bien, no pude decir más pues el llanto no me permitía hablar. En ese momento extendió una receta en donde me prescribió medicamento. El médico me dijo que era para que no me sintiera tan triste y pudiera dormir. Los primeros días después de esa consulta comencé a tomar los medicamentos, pero no podía dejar de sentirme triste ni podía dormir.

Ahora sé que mis hermanas y yo teníamos síntomas de depresión y ansiedad. Tal vez necesitábamos ayuda de un psicólogo o de un tanatólogo, sin embargo, no lo sabíamos. Así que continuamos nuestra vida de esta manera, sin recibir apoyo de ningún tipo, solo el de nuestros amigos. De esta manera nuestro cuerpo y nuestra alma se iban llenando de enojo ante la indiferencia e incomprensión de los demás. Después de haber sepultado a nuestros seres queridos, los adultos de la familia desaparecieron. Solo se quedó Mario con nosotros, sin embargo, él vivía con su tía y volvió a tomar el camino del alcoholismo para refugiarse y tratar de olvidar tanto dolor. Él sentía mucha culpa porque, un día antes del sismo tuvo una discusión con mi mamá. Ellos discutían frecuentemente, pero ese día mi mamá no permitió que él entrara al departamento. Desconozco el motivo por el cual discutieron y por esta razón, él no durmió en la casa.

En la actualidad, cuando nos reunimos en familia, aún recordamos con tristeza todo lo sucedido y aún seguimos haciendo las mismas preguntas a las que jamás hemos encontrado una respuesta. ¿Por qué o para qué nos sucedió esto a nosotros? Han pasado 38 años de este acontecimiento y todos, de alguna manera, hemos tratado de vivir sin ellos: sin mi mamá, mi abuelita y mi hermano, conservando en nuestra memoria solo los momentos felices que pasamos a su lado y recordando el ejemplo de fortaleza y amor que nos mostraron en vida. Esto, sin duda, le ha dado sentido a nuestra vida a lo largo de los años. Pero hay algo que nunca se ha aliviado y es el dolor de haberlos perdido en un acontecimiento como ese. Creo que el tiempo ha ido aminorando la intensidad de este dolor, pero la herida sigue ahí, lastimando en lo más profundo el corazón de mis hermanas y el mío. No hemos dejado de extrañarlos, nos han hecho mucha falta.

Una vez que regresamos del panteón, mi familia y yo continuamos con nuestra vida, teníamos que continuar estudiando y trabajando. No podíamos quedarnos en casa llorando por nuestras pérdidas. Sin embargo, tampoco recibimos intervención en crisis ni apoyo psicológico. La intervención en crisis es un método psicoterapéutico que se caracteriza por una atención pronta y con pocas sesiones focalizando la atención en los síntomas que en el momento está presentando la persona. El objetivo es prevenir síntomas de depresión graves o alguna enfermedad mental, planificar un método de psicoterapia, reducir las respuestas disfuncionales y rehabilitar a la persona.

Algo importante a tener en cuenta es que, en la época en que ocurrió el sismo de 1985, no existían grupos de apoyo para damnificados. Mis hermanas y yo recibimos la compañía, consejos y amistad de nuestros compañeros del Coro y de la Legión de María. Muchos de estos, basados en conceptos de la religión católica. Nuestros amigos eran de nuestra edad y tampoco tenían experiencia en este tipo de sucesos. Sus intenciones fueron buenas y con la finalidad de ayudarnos. En ese momento ellos fueron una red importante de apoyo, especialmente para mi hermana menor y para mí. Mi hermana Claudia trabajaba y cuidaba de mis sobrinas quienes aún eran pequeñas. Ella no tenía oportunidad de platicar con alguna persona sobre sus emociones y sentimientos.

Nunca supimos nada sobre nuestros vecinos. Es decir, si ellos lograron obtener ayuda del gobierno o recibieron un departamento. En aquel tiempo se construyeron departamentos en un programa gubernamental llamado Renovación Habitacional. El gobierno otorgó departamentos a las familias damnificadas. Nosotros nos enteramos de esto hasta que una persona nos comentó que acudiéramos a pedir ayuda. En una ocasión fuimos mi papá y yo a las oficinas correspondientes y los encargados nos respondieron que ya no había departamentos, que ya los habían otorgado a los damnificados. Con mucha tristeza y enojo salimos de la oficina, enterándonos meses después que estas viviendas no solo fueron para los damnificados, sino para personas que no lo fueron, que muchos países enviaron ayuda en especie y en dinero, pero muy poco llegó a los verdaderos necesitados. En los medios de comunicación se comentaba que grupos de poder en el gobierno se quedaron con los mejores artículos y con el dinero. En el terreno donde se encontraba mi edificio construyeron otro para oficinas privadas, el cual existe hasta la fecha. Los dueños nunca aparecieron para indemnizar a las familias afectadas.

En momentos de crisis, es decir, cuando surgía el llanto incontrolable, nuestros amigos no contaban con las herramientas necesarias para la contención, es decir, para controlar las emociones que surgían en nosotras. Recuerdo que, en varias ocasiones, yo lloraba mucho en presencia de mi amigo Ángel, quien se desconcertaba al ver que, a pesar de sus esfuerzos, no lograba que me calmara. El continuar con nuestras actividades familiares, escolares y religiosas, sin recibir apoyo psicológico, agravó la situación emocional, cada vez nos sentíamos más cansadas, irritables, frustradas, pesimistas y solas. La ausencia de apoyo familiar favoreció la aparición de sentimientos de enojo, de frustración y de abandono.

Capítulo 3.

REGRESAR A LA NORMALIDAD

El regresar a la normalidad, a tratar de vivir una vida desde cero, fue muy difícil. La tristeza y el enojo se hacían presentes cada día y con más intensidad, no solo en mí, también lo percibía en mis hermanas. Discutíamos por cualquier cosa y apenas teníamos dinero para comer. Claudia y mi cuñado trabajaban durante todo el día y nosotras cuidábamos a mis sobrinas. Mis amigos me convencieron para que siguiera estudiando y después de mucho pensarlo, así lo hice, sin embargo, muchas veces regresaba de la estación del metro donde me dejaban Ángel y Javier, dos amigos de la iglesia. Tenía miedo de que volviera a temblar y que las personas que quedaban de mi familia también murieran. Además, mi escuela estaba hasta Ciudad Universitaria y no me daría tiempo de llegar, si es que volvía a temblar. Cuando decidía sí ir a la escuela en el metro, pensaba si valdría la pena hacer tanto esfuerzo. Yo iba a la universidad porque me había quedado en la carrera y en la escuela que yo quería, pero no sabía si podría terminar, me faltaba mucho, no tenía un trabajo para apoyar a mi hermana y para los gastos de la escuela.

Al llegar a la facultad, me di cuenta que mis amigas con quienes estudiaba me recibían con gusto y se preocupaban por mí. De hecho, ellas fueron unos días después de lo ocurrido a la casa de mi hermana para visitarme. Rosa, Vicky y Herlinda eran mis amigas y sabía que podía contar con ellas desde que las conocí. Eran unas chicas sencillas, empáticas, con quienes me gustaba hacer trabajos en equipo y platicar, teníamos muchas cosas en común, entre ellas, la carrera que escogimos: Trabajo Social. Es una profesión que busca ayudar a los demás y minimizar sus dificultades, además de fomentar cambios en las personas para que ellos mismos busquen su bienestar. Todo esto se puede lograr mediante investigación, estudios en comunidades, escuelas, centros de salud, etc. Un trabajador social puede apoyar a implementar programas para niños en situación de calle, prevención de adicciones, etc.

Recuerdo que desde pequeña me gustaba ayudar a mis hermanos y amigas, a pesar de mi carácter tímido. Mi mamá y mi abuelita influyeron mucho en esto, yo veía cómo mi mamá ayudaba a la gente regalándoles ropa y alimentos. Ella y mi abuelita eran ese tipo de personas, con un carácter fuerte y que además habían enfrentado en la vida grandes batallas como la pobreza, la violencia y el abandono de sus figuras paternas. Sin embargo, estas mismas necesidades que ellas tuvieron, las motivaban para ayudar a los demás. La decisión de seguir estudiando fue inspirada en ellas, siempre estuvieron muy orgullosas porque pasé mi examen de ingreso a la universidad. En una ocasión, cuando ellas ya no estaban y yo quería darme por vencida y dejar de estudiar, un sacerdote me dijo: "Tu mamá y tu abuelita prepararon todo para que tú enfrentes ahora la vida inspirándote en su recuerdo". Esas palabras me ayudaron a continuar estudiando y enfrentando la vida, a pesar del estado de ánimo en el que me encontraba.

Recuerdo que en una de las materias del plan de estudios era necesario realizar prácticas comunitarias, serían en una colonia llamada San Nicolás Totolapan, muy lejana del domicilio donde yo vivía. En estas prácticas visitábamos a la gente, casa por casa, invitándolos a las pláticas que habíamos preparado. Estas visitas también eran para saber el grado de estudios, el nivel socioeconómico de las personas y sus necesidades para realizar nuestra investigación y plan de trabajo como estudiantes. En una ocasión en la que iba sola por una de las calles, me senté en una acera a llorar; me costaba mucho trabajo seguir con mi vida, los extrañaba demasiado, sentía que no podía seguir sin ellos. Nuevamente sentía que estaba trabajando para otras personas mientras mis hermanas y yo no habíamos recibido ningún apoyo del gobierno, alguna asociación civil o de la universidad. Además, se me dificultaba memorizar cuando tenía que presentar algún examen. No entendía por qué, anteriormente no me había sucedido.

En una ocasión, estando en clase de estas prácticas comunitarias, la maestra comentó que, como estudiantes, teníamos que ser responsables y no ser como aquellos arquitectos que construyeron los edificios que se cayeron y había muerto tanta gente aplastada. Ese comentario me dolió mucho, la maestra sabía lo que me había sucedido. Mis compañeros se dieron cuenta de esta situación y todos guardaron silencio. No sabía qué decir ante tal comentario tan desatinado. Esa misma maestra me calificó el semestre con 6, a pesar de haber visto el esfuerzo que hice para seguir acudiendo a su clase y a esa lejana colonia. El último día de clases, mis compañeros le dijeron a la maestra que su comentario de aquel día me lastimó. Ellos me habían encomendado darle un ramo de flores como despedida del semestre y les dije que no se lo iba a dar. En ese momento, ella expresó que no hizo ese comentario con la finalidad de molestarme, sin embargo, yo sabía que sí lo había dicho con esa finalidad. Creo que como adulta y como maestra pudo haberme apoyado o motivado por el esfuerzo que hacía cada día al asistir a clase, a esa comunidad tan lejana y por realizar mis tareas.

En aquel tiempo, en 1986, después del sismo, tuve una relación de noviazgo con Ángel. El recuerdo es muy triste; continuamente, estando con él, me daban crisis de ansiedad y lloraba mucho. Él me ayudó como pudo, sin embargo, creo que esta situación fue muy difícil para ambos. Un día me avisó que se iba durante un año a Estados Unidos a un intercambio estudiantil. A pesar de que nos escribíamos frecuentemente, cuando regresó ya no quiso continuar, me dijo que se había cansado de ayudarme y que se había desgastado emocionalmente. También para mí fue muy triste saber que de alguna manera se había deteriorado esa relación que inició con mucha ilusión, sin embargo, ninguno de los dos consideramos que no era el momento adecuado, era muy reciente lo sucedido en el sismo.

Antes de que esto pasara, es decir, que iniciamos un noviazgo, Ángel fue mi mejor amigo en los grupos de la Iglesia del Espíritu Santo. Pienso que nos apresuramos al iniciar ese noviazgo. Cuando me pidió ser su novia, me encontraba en un momento muy complicado. Apenas habían pasado 8 meses de lo sucedido y estaba muy vulnerable. Agradecí a mis amigos que me invitaban a fiestas, a misiones y otros eventos en los que podía distraerme. Yo le dije que sí, pensando en que se fortalecería nuestra relación. Pasamos muy bonitos momentos. Él compuso una canción para nuestro amigo Santiago que se encontraba en silla de ruedas, contaba la historia de *"Un joven que vive en el dolor y espera el consuelo en el amor de los demás. Quizá un día lo hallará"*, decía el verso que cantó el coro de la iglesia y que ganó el segundo lugar en un concurso de la Canción Cristiana. También participamos en una obra de teatro que él produjo y en la que actuamos la mayoría de los jóvenes de la Legión de

María. Él siempre fue creativo, muy amable y empático con todos. Escribió una canción a mis seres queridos que fallecieron, íbamos de Misiones a diferentes pueblos del Estado de México y estudiamos para ministros de la Eucaristía junto con mi querido amigo Juan Martín Sotelo y Sergio, a quien le decíamos "El tata". En fin, fueron momentos inolvidables que siempre guardaré en mi corazón.

Unos días después de que llegó de los Estados Unidos, Ángel mostró una faceta que no conocíamos ni mis hermanas, ni mis amigos, ni yo. Había cambiado mucho, se molestaba por todo, hablaba con groserías y un día que fuimos a ver a Santiago se quiso ir enseguida. Poco a poco dejamos de hacer las actividades de la Iglesia juntos. Comentaba que ya tenía otros intereses, que no se relacionaban con la iglesia. Me dolió mucho pensar que él se había cansado de ayudarme con tantas crisis de llanto que tuve. Más tarde me di cuenta de que yo nunca fui responsable de este cambio tan drástico en su personalidad.

Después de ese episodio de mi vida me di cuenta de que cada vez eran más frecuentes estas crisis a las que ahora conozco como crisis de ansiedad y depresión. Son aún más complicadas cuando no se cuenta con un tratamiento psicológico, médico y psiquiátrico. De acuerdo al DSM IV, un manual que utilizamos los psicólogos y psiquiatras para determinar si un paciente tiene síntomas de ansiedad y depresión, hoy sé que las padecimos, pero en mi familia desconocíamos esto y fue en cierta medida la causa de que los síntomas aumentaran.

En este punto me gustaría explicar lo que sucede con una persona después de vivir una situación o evento traumático, desde la psiquiatría, desde la ciencia, con la finalidad de que todos podamos entender que no es suficiente con "echarle ganas", para salir adelante. Debemos entender que se trata de un acontecimiento repentino e inesperado, imposible de manejar, que perturba el bienestar de la persona que lo vive y, como consecuencia, la persona queda afectada psicológicamente.

El psiquiatra Van Der Kolk Bessell en su libro: *El cuerpo lleva la cuenta*, explica cómo el trauma puede cambiar el cerebro y el sistema de respuesta al estrés dando lugar a una serie de síntomas físicos y psicológicos. Explora las formas en que el trauma puede almacenarse en el cuerpo afectando a la salud física, la regulación emocional y la capacidad de relacionarse de una persona.[1]

---

1 | Disponible en: https://www.google.com.mx/books/edition/El_cuerpo_lleva_la_cuenta

De acuerdo a lo anterior, entiendo la razón por la cual comencé a tener molestias físicas como dolor de cabeza y malestar general. Además, sentía culpa por haber sobrevivido, es decir, tenía las características del Síndrome del sobreviviente o superviviente: "Percibe que ha hecho mal al sobrevivir a un evento traumático cuando otros no lo han logrado. Se trata de la culpa relacionada con el trauma, es un desagradable sentimiento de arrepentimiento que se deriva de la creencia de que podrías o deberías haber hecho algo diferente en el momento en que ocurrió un evento. Por ejemplo, un veterano militar puede lamentar no haber regresado a una zona de combate para salvar a un soldado caído (…) Una persona puede preguntarse por qué sobrevivió ella y no los demás. Incluso puede culparse a sí mismo por sobrevivir como si hubiera hecho algo. La exposición al combate, el abuso físico, el abuso sexual y la pérdida de un ser querido se han asociado con la experiencia de culpa relacionada con el trauma".[2]

Puedo decir que, después de lo que sucedió, tanto mi familia como yo tuvimos la mayoría de estos síntomas. Sin embargo, desconocíamos que era normal que nos sintiéramos así. En aquellos momentos de confusión y angustia no tuvimos apoyo o contención, lo que en psicología llamamos:

---
2 | Disponible en: www.bekiapsicologia.com

intervención en crisis, es decir, no tuvimos apoyo psicológico para aliviar el impacto emocional de esa situación tan estresante. Inmediatamente después del sismo nos enfocamos a despedirnos de nuestros seres queridos, a tratar de recuperar algunas de nuestras cosas encontradas entre los escombros del edificio, a continuar con nuestras vidas, encontrar trabajo. En mi caso, pude acudir a terapia psicológica después de 10 o 15 años.

Así como la persona se tiene que adaptar a esa nueva realidad, el cerebro también lo hace, para lograr la estabilidad de la persona, para lograr que ésta sobreviva. Esto se llama Disociación Cognitiva: un mecanismo de defensa o protección que tiene nuestro cerebro para desconectarnos de la realidad. Se activa en momentos en los que la realidad supera nuestros recursos para afrontar una situación estresante, nuestro cerebro consigue desconectar de aquello que nos desborda. "Es un mecanismo de defensa, es decir, se va a activar de una manera instintiva para protegernos del miedo, del dolor o de emociones inmensamente negativas. Este fenómeno sucede, principalmente, cuando nos hemos encontrado ante situaciones traumáticas".[3]

---

3 | Disponible en:www.cppm.org.ar/wp-content/uploads/2015/06/DSMIV.pdf

¿Qué ocurre a nivel cerebral? Se trata de una falta de conexión emocional, es decir, el cerebro desconecta las emociones, además de manera literal: lo que ocurre es que el cerebro apaga la corteza cingulada anterior (responsable de las reacciones autonómicas de la emoción y almacenaje de la memoria), por lo que perdemos la regulación consciente de nuestros actos. Por otro lado, la amígdala (centro de las emociones) produce cortisol, hormona que inhibe la función del hipocampo (responsable de dar significado a las experiencias y de ubicarlas temporalmente). Por último, se producen opioides, que son unos neurotransmisores que actúan como analgésicos.[4]

Después de que ocurre un accidente o cualquier desastre provocado por un fenómeno natural, la gente a la que no le sucedió nada imagina que la vida sigue y al parecer se olvida de aquellos que sobrevivieron. No imaginan las dificultades emocionales y mentales que surgen para adaptarse a una nueva realidad, para asimilar que aquellas personas que formaban parte de tu familia ya no están. A lo largo de todos estos años, de todo el camino recorrido, viviendo tantas experiencias, se ha repetido en mi mente una

---

4 | Disponible en: www.federaciocatalanatdah.org/wp-content/uploads/2018/12/dsm5

pregunta: ¿Es posible continuar con tu vida después de que has perdido tanto? ¿A qué retos tuvimos que enfrentarnos después de este suceso tan terrible?

Capítulo 4.

LA FUNCIÓN DEBE CONTINUAR

Pasaron los años y con mucho trabajo pude terminar mi carrera de Trabajo Social con el apoyo de mis amigas, mis hermanas y mis sobrinas. Ellas se fueron convirtiendo en una inspiración para seguir mis estudios. Afortunadamente tuve otros profesores que me motivaban y me ayudaban. Recuerdo a mi maestra Teresita Salamanca, quien era una mujer muy bonita, tanto en su aspecto físico, como en su forma de ser. Ella supo lo que me sucedió y en todo momento me brindó su ayuda para obtener una buena calificación en su materia. Era una persona que se esmeraba mucho en su arreglo personal, sencilla y elegante. Su cabello era rubio y lo peinaba de una manera que la hacía lucir aún más su elegancia. Además, como profesional era excelente. Ponía el nombre de la carrera de Trabajo Social en alto, ya que en su trabajo apoyaba a los niños y familias sin recursos para recibir atención médica. Recuerdo que ella me animó a participar en la fiesta de graduación de la carrera. Nos invitaba a comer a su casa a mis amigas y a mí. Además, me ayudó a arreglar un vestido blanco para usarlo en mi graduación; fue el mismo vestido que usé en la graduación de la prepa y que mi hermana Claudia había guardado. Era especial, mi mamá me lo compró con mucho cariño y esfuerzo. Por esta razón, y al no tener dinero para comprar otro, lo arreglamos entre todas, colocando al frente unas pequeñas lentejuelas rosas que lo hacían lucir muy bonito.

La maestra Teresita y mis amigas Rosy, Herlinda y Vicky me hacían sentir menos triste ante los acontecimientos y situaciones difíciles en las que me encontraba. Sin embargo, a lo largo del camino, encontré mucha gente insensible que se encargaba de hacer comentarios desagradables sobre lo que me había sucedido y esto oscurecían la poca luz que apenas se asomaba en mi ser.

Después de la graduación me sentía insegura porque no sabía dónde iba a trabajar ni en dónde me iban a contratar. En ese entonces busqué en varios lugares, en la bolsa de trabajo universitaria encontré un lugar que se adaptaba a mi perfil. Era un empleo en el gobierno como trabajadora social, aceptaron gracias a Dios. Me sentí muy feliz, era una buena oportunidad después de tocar muchas puertas y haber trabajado como encuestadora y secretaria. En Socicultur apoyé en el programa de Pequeño Comercio; nos capacitaron y después participé coordinando dos grupos de estudiantes del ITAM y del CONALEP. Eran jóvenes de la carrera de Administración, pero de sectores sociales y económicos opuestos. El ITAM es una escuela particular para jóvenes de recursos económicos altos, el CONALEP es una escuela también de nivel superior, pero sus alumnos pertenecen a un nivel socioeconómico bajo. Aprendí mucho en aquellos cursos, además de que logré tener la amistad de los chicos del CONALEP. En ocasiones me tocó servir café a los alumnos del ITAM, con ellos no desarrollé gran cercanía, eran más selectivos para escoger a sus amistades.

En aquel tiempo conocí al Profesor Enrique Arias, quien llegó en lugar de una jefa que continuamente me desacreditaba. Desde el día que lo conocí se mostró muy amable conmigo. Su sonrisa me transmitía confianza. Nunca pensé que se convertiría en una persona muy importante en mi vida, quien me brindaría gran apoyo en mi vida personal y profesional en los siguientes dos años.

En aquel tiempo logré titularme y realicé mi tesis junto con una compañera de la escuela. Mis amigas Rosy, Herlinda y Vicky ya habían realizado su tesis. No recuerdo la razón por la cual no hice la tesis con mis amigas. Mi trabajo trataba el tema del cuidado del agua potable en los hogares, se preveía que, en algún momento, en un futuro no muy lejano, el agua escasearía. Durante el tiempo en que realicé mi tesis me mantuve ocupada, así que postergué mi atención psicológica. Encontré en el estudio una manera de distraerme y de mantenerme ocupada. No obstante, continuaba teniendo episodios de ansiedad y depresión en mi casa o en la calle. El profesor Arias estuvo presente en varias ocasiones, me escuchaba y me transmitía palabras de ánimo.

Después de una ardua investigación y de un estudio comparativo del uso del agua en las colonias Morelos y Chalma de Guadalupe, logré titularme al realizar mi examen profesional. La presencia de mis hermanas y mis sobrinas en el auditorio fue muy importante, sé que se sentían muy orgullosas de que, a pesar de todo, había logrado uno de los objetivos más importantes de mi vida.

Logré cumplir mi sueño y el de mi mamá, aún sin estar ella. Cuando me encontraba en el auditorio realizando mi examen profesional, imaginaba que junto a mis hermanas y mis sobrinas se encontraban mi mamá, mi abuelita y mi hermano. Sé que ellos también se sentían contentos y orgullosos de mí. La dedicatoria de mi tesis fue dirigida hacia ellos, quienes con su ejemplo de lucha y de perseverancia me habían inspirado para seguir adelante, además del gran amor que yo tenía hacia mi familia. Ellos eran mi tesoro, lo único que me quedaba en la vida.

En cuanto al trabajo, unos meses después de que llegó el profesor Arias, hubo recorte de personal en Sociocultur. Me sentí perdida nuevamente porque nos tocó al profesor y a mí, entre otras personas. Me dio tristeza no volver a ver a los amigos y el nuevo jefe que había conocido. Una mañana, cuando estaba recogiendo mis cosas de la oficina, recibí una llamada del profesor Arias. Me comentó que él fue a trabajar a unos centros asistenciales del Nacional Monte de Piedad y que requería de una trabajadora social. Le había propuesto a la coordinadora que yo podría ser una de las aspirantes. Sin embargo, tenía que ir a verla personalmente. Así fue una mañana me encontraba muy nerviosa frente a la Lic. Ivonne Ortega. No tenía ropa para presentarme e ir a buscar un trabajo tan importante, fui con lo mejor que tenía en esos momentos. Ella me miró de pies a cabeza detenidamente y me pidió que me sentara. Era una persona joven, pero muy seria, delgada y de cabello rubio. Me dijo que en efecto estaban solicitando una trabajadora social, sin embargo, veía que yo era muy tímida y que, probablemente, no podría con el trabajo. Le dije que, si me daba una oportunidad, podría demostrar que sí lo lograría.

Este trabajo significaba para mí una gran oportunidad ya que había que apoyar al coordinador dentro de los centros asistenciales a organizar los grupos de adultos mayores, niños de preescolar y las clases que se ofrecían a la comunidad. La licenciada Ortega me dio la oportunidad de estar a prueba un tiempo para demostrar que yo podría realizar dicho trabajo. De no pasar la prueba, me quedaría sin trabajo. A partir de ese momento comencé a trabajar en el centro asistencial de San Juan de Aragón. El profesor Arias era el coordinador de este centro y del de Santa Cruz Meyehualco, en donde se encontraba otra trabajadora social llamada Maricarmen quien era muy amable, constantemente me encontraba en comunicación con ella.

Para aquel entonces mi familia seguía siendo, y serán, mis hermanas y mis sobrinas, quienes crecían y nos asombraban con sus travesuras, juegos y ocurrencias. Mi hermana Claudia estaba trabajando; mi hermana menor continuaba estudiando, se esforzaba mucho en retener lo que estudiaba, tal como me ocurrió a mí. Recuerdo que mi mamá quería festejar sus 15 años con una fiesta familiar, sin embargo, no fue posible. Celebramos su cumpleaños con un pastel y en familia, en sus ojos se podía ver la tristeza. El festejo de la Navidad no era igual con la ausencia de nuestros seres queridos. Preferíamos salir a la Alameda Central o algún otro lugar que no fuera nuestra casa, porque sentíamos mucha tristeza.

Unos años después, aproximadamente en 1990, mi hermana menor y yo decidimos rentar un departamento en el mismo edificio donde se encontraba el de nuestra hermana. Invitamos a mi papá a vivir con nosotras para que nos ayudara a pagar la renta. Después del sismo él se fue a vivir con una de sus tías, pero tenía problemas con ella, era un hombre al que se le dificultaba vivir con las personas en armonía. Con mi mamá tuvo una relación en la que hubo muchos problemas. Él nos contaba que mi mamá se enamoró de él porque cantaba ópera, era barítono y también era muy atractivo. Se enamoró de mi mamá porque ella era muy hermosa: tenía sus ojos verdes, cabello rubio y una esbelta figura. Ambos decidieron comenzar una vida juntos, se casaron y todo era muy bonito entre ambos, sin embargo, siempre tuvieron problemas debido a la situación económica. Él no aportaba lo suficiente para cubrir los gastos de la casa, escuela, alimentación, etc. Los problemas fueron más graves con el paso del tiempo, causando una ruptura importante en su matrimonio y en nuestras vidas. Recuerdo muchos momentos en los que ellos discutían fuertemente, arruinando los paseos que hacíamos a la Marquesa, Popo Park, etc. Una noche antes del sismo, ellos tuvieron un problema muy fuerte y por esta razón, mi papá no se quedó en el departamento, se salvó de estar en el derrumbe del edificio.

Cuando invitamos a mi papá a vivir con nosotras, sucedió la misma situación de conflicto que vivió con mi mamá. Al principio vivíamos en armonía, también vivía con nosotros nuestra perrita Daisy. Después tuvimos problemas entre nosotros, mi papá dejó de pagar la renta hasta que nos pidieron el departamento. Las discusiones eran frecuentes y dejó de existir armonía entre nosotros; él retomó el alcohol. Siempre recuerdo que tenía una voz privilegiada, pero sólo cantaba en algunos parques y auditorios. Alguna vez nos contó que el tenor Plácido Domingo lo había invitado a irse con él a España, sin embargo, no pudo ir porque en aquel momento se encontraba trabajando.

Fue entonces que decidimos separarnos y comenzamos a vivir solas mi hermana y yo en un departamento pequeño de la colonia San Rafael. Era un lugar tranquilo para vivir; mi papá y la Daisy se fueron a vivir a la casa de la tía Elena nuevamente. El pago de la renta ahora corría a cargo de nosotras, así que era necesario continuar generando ingresos. Mi hermana era instructora de aerobics y yo seguía trabajando en el centro asistencial. De esa manera pudimos salir adelante con los gastos. Recuerdo que en el centro asistencial tenía que llevar mi título, lo coloqué en una pared de la oficina, la gente me decía que me veía muy joven y dudaban de que estuviera titulada.

Durante el tiempo que trabajé en los Centros Asistenciales del Nacional Monte de Piedad conocí mucha gente. La Lic. Ivonne Ortega se retiró por problemas de salud. Desafortunadamente tenía cáncer de mama. Me dio mucha tristeza porque ya había logrado sentir cariño hacia ella. Creo que era recíproco, antes de irse me felicitó por haber logrado cumplir con los objetivos que ella esperaba. En dos ocasiones la fui a visitar a su casa de la colonia del Valle. Tiempo después de que la Lic. Ortega se fue de la institución, llegó como nuestra jefa una señora muy elegante, bonita, de unos 65 años de edad, llamada Carmen Junco, a quien llamábamos de cariño "Carmelita". Ella nos apoyó al profesor y a mí en nuestro trabajo fortaleciendo los lazos entre nosotros y la comunidad. A él le asignó la coordinación del Centro de San Juan de Aragón y a mí el de Santa Cruz Meyehualco. Me sentía muy contenta de haber llegado hasta ahí.

Los centros asistenciales estaban llenos de gente y por eso las autoridades se encontraban contentas. Así que se contrató más personal, ya habían aumentado las actividades. Recomendé a una de mis mejores amigas de la Universidad llamada Rosa Cortés Murillo para ocupar el puesto de trabajadora social, ahora nos sumábamos más personas al equipo. En aquel tiempo me sentía muy feliz, además podíamos asistir a cursos de capacitación. Formamos un grupo de adultos mayores con quienes salíamos a pasear a Xochimilco, organizábamos la ofrenda del día de muertos y otras actividades. Fuimos en varias ocasiones a un evento llamado "Una cana al aire" que se realizaba en el Palacio de los Deportes cada año, el 28 de agosto, día del abuelo. Se reunían grupos de adultos mayores que recordaban sus tiempos de juventud al escuchar y bailar canciones de aquella época. ¡Qué divertido era asistir a estos eventos! Yo era joven, pero me gustaba ver contentos a los adultos mayores de mi grupo. Me hubiera gustado que mi abuelita hubiera asistido a una de esas fiestas.

Carmelita nos invitaba al profesor y a mí a su casa, comíamos y escuchábamos música. A pesar de que pertenecíamos a generaciones diferentes, me gustaba mucho estar con ellos. En aquel tiempo, el profesor Arias tenía 45 años y yo 25. Un día, estando en casa de Carmelita, nos encontrábamos escuchando canciones muy bonitas y el profesor y Carmelita bailaron al compás de la canción "Bachata Rosa", de Juan Luis Guerra. Cuando escucho esa canción, recuerdo aquellos momentos en los que me sentía tranquila y a salvo con ellos; eran como parte de mi familia, los veía como mi papá y mi abuelita. Ellos conocían mi historia y me trataban con mucho cariño. El profesor Arias me decía que me veía muy desvalida, que me consideraba como a su propia hija y que siempre estaría ahí para ayudarme, no solo a mí sino a mi hermana menor, con la que seguía viviendo en la colonia San Rafael. Para ese entonces ya podía pagar mis terapias con el Dr. Ugalde, un psiquiatra que me ayudó mucho a enfrentar los síntomas de ansiedad y depresión que aún continuaban.

En el año 1992 se complicó el panorama de mi vida cuando Carmelita Junco dejó de trabajar con nosotros. Cuando nos dio la noticia, sentí mi corazón saltar, pero de angustia. Presentía que algo extraño iba a suceder. Fue entonces cuando llegaron las autoridades y los "patronos" del Nacional Monte de Piedad, quienes eran los dueños de los centros asistenciales y de las casas de empeño. Ellos decidieron cambiar al personal de estos centros. Todo aquel ambiente de armonía que existía dejó de sentirse, al centro donde yo me encontraba llegó una maestra mayor que yo quien, al principio, se hizo cargo del grupo de adultos mayores. Al centro donde se encontraba el profesor Arias llegó una psicóloga quien estaría apoyando a este grupo en cuanto a sus problemas emocionales.

Recuerdo que, en una ocasión, nos mandaron a llamar al profesor y a mí de las oficinas centrales. El motivo de este llamado era para comunicarnos que se nos removía de nuestro cargo en los centros asistenciales, que nos agradecían la labor que habíamos realizado, pero que la maestra y la psicóloga iban a ocupar nuestros puestos. Recuerdo que lloré mucho frente a la licenciada que me despedía pidiéndole otra oportunidad. Ella me miró fijamente y me ofreció un vaso con agua, sin embargo, su decisión ya estaba tomada. Las trabajadoras sociales se quedaban, por lo que mi amiga Rosita aún conservaba su trabajo, temporalmente.

Cuando salimos de ahí continuaba llorando, el profesor Arias estaba muy serio y se veía preocupado. Él tenía una familia a quien mantener. Tenía dos hijos varones aún en edad escolar y una hija adolescente. Su esposa era maestra y trabajaba, sin embargo, él había sido profesor de una escuela antes de que yo lo conociera, pero no logró conservar su trabajo. Ahora se encontraba en una edad en la que sería difícil ser contratado en alguna empresa o institución. Yo aún era joven y podría encontrar algo, pero en ese momento no podía pensar en dónde. Tenía que ayudar a mi hermana a pagar la renta, nuestra comida, la de nuestras gatitas y otros gastos. Ahora, sin trabajo, me sentía perdida.

Al profesor y a mí se nos cerraron las puertas en ese lugar al que habíamos dedicado tanto empeño y cariño, creyendo tal vez que tendríamos trabajo por mucho tiempo más. Nos confiamos en que siempre reconocerían nuestro trabajo otras personas. Los tiempos de la Lic. Ivonne Ortega y de Carmelita Junco habían terminado, los de nosotros también. Ahora se buscaban otros intereses y otras personas, los centros asistenciales formarían parte de una fundación.

A pesar de la situación por la que estábamos pasando el profesor Arias me dijo que continuaría apoyándome en todo, tal y como me lo había prometido. Ahora que vivía sola con mi hermana él se ofreció a apoyarnos en lo que necesitáramos. Mi hermana tenía un novio con el que ya tenía algún tiempo saliendo. Él la quería mucho, era un joven muy noble y estudioso. Yo me sentía más tranquila con esa relación. Para entonces ya habíamos adoptado a dos gatitas. Una que encontramos en el estacionamiento del edificio donde vivíamos con mi hermana Claudia y otra que me dieron en la escuela. Eran Whiska y Pelusa. Ésta última había sido adoptada porque recientemente había fallecido una gatita a quien amábamos mucho. Recuerdo que ese fue otro dolor que tenía que ver con la muerte de alguien. Ya habíamos experimentado el dolor de perder a nuestros seres queridos, sin embargo, el de Pelusa nos hizo recordar que podríamos perder otros seres y que la muerte de un animalito podía doler tanto como la de un ser humano. Mi familia y yo siempre hemos tenido un afecto especial por las mascotas, ellos son parte de la familia a partir de la llegada de mi perrita Daisy.

A partir del despido injustificado busqué empleo en diferentes instituciones y empresas. Buscaba en el periódico plazas vacantes. Ahora no solo estaba buscando trabajo relacionado con mi profesión, sino cualquier otro. Encontré un empleo como encuestadora, tenía que realizar entrevistas relacionadas con un producto casa por casa. Me enviaban a colonias desconocidas para mí dentro de la ciudad de México. Muchas veces la gente no me abría la puerta o se portaban groseros cerrando de manera violenta. Yo me esforzaba mucho por sacar la mayor parte de las encuestas, entre más hacía, más me pagaban.

Dejé de asistir a las terapias con el Dr. Ugalde, quien además me había prescrito medicamentos para la depresión y la ansiedad. Los dejé de tomar, mis ingresos ahora eran menores a los que tenía en mi trabajo anterior. Fue un cambio radical en mi vida, de repente las cosas habían cambiado nuevamente. Volví a sentir tristeza y desesperación y, al suspender los medicamentos, también dejé de tener servicio médico, no tenía forma de comprarlos. Continué trabajando en las encuestas hasta que, en una ocasión, cuando fui por unos documentos a mi Escuela Nacional de Trabajo Social, un maestro me comentó que me dirigiera a la oficina de Servicio Social, se enteró de que solicitaban trabajadores sociales en una institución de la Secretaría de Salud.

Inmediatamente me dirigí a ese lugar, al Centro Nacional de la Transfusión Sanguínea, me recibió una doctora que me orientó sobre el trabajo que había que desempeñar; no era un trabajo estable, estaría cubriendo a una compañera que se había ido a otra institución a realizar un puesto directivo de confianza. Es decir, cuando ella regresara, yo me tendría que ir y me quedaría nuevamente sin trabajo. Acepté el empleo, desempeñaría mi profesión y ya no estaría en las calles arriesgando mi seguridad. Era 2 de agosto de 1993, firmé mi contrato. Me dijeron que a partir de esta fecha comenzaría a tomar en cuenta mi antigüedad. Ese día era el santo de mi mamá, siempre he pensado que ella me ayudó a encontrar ese trabajo desde el lugar donde ella se encontraba. Ella veía el esfuerzo que estábamos haciendo mis hermanas y yo por seguir adelante. Sé que nos cuidaba, igual que mi abuelita y mi hermano, quienes se habían convertido en ángeles guardianes de mis hermanas y de mis sobrinas también.

Para entonces, nos cambiamos de domicilio ya que nos aumentaron la renta. Ya nos habíamos acostumbrado a vivir juntas a pesar de ser muy diferentes en nuestra forma de ser. Ella siempre ha sido muy activa; es una persona a la que le gusta conocer mucha gente, supo salir adelante a pesar de su corta edad. En aquel entonces nos fuimos a vivir a un lugar muy lejano en el Estado de México, viviríamos en una casa pagando una renta accesible para ambas. Afortunadamente yo ya estaba trabajando y podríamos pagarla. Recuerdo que cuando conocí esa casa me enamoré de ella: era pequeña, pero con dos recámaras y una chimenea. Alrededor tenía árboles, plantas y se veía una montaña muy cerca. Sin embargo, nunca pude disfrutar de esta vista, salía muy temprano y llegaba tarde del trabajo, cuando todo estaba obscuro, solo veía esa montaña los fines de semana.

En ese tiempo mi hermana menor decidió casarse y me quedé sola en esa casa. En las noches tenía mucho miedo, temía que alguien se metiera por una ventana. Había varias casas al rededor, pero los vecinos llegaban muy tarde. Me quedaba con mis dos gatitas, pero me costaba trabajo dormir. Al casarse mi hermana se cerró un ciclo en nuestras vidas. Ella se separaba de mí y de la familia, se fue a vivir a Tampico. Sentí una gran tristeza, ahora me quedaba sola. Podría irme a vivir con mi hermana Claudia, pero las niñas estaban creciendo y necesitaban su propio espacio. Además, había muchas discusiones entre ella y su esposo, así que decidí cambiarme de domicilio nuevamente. A partir de esa fecha cambiaron muchas cosas en mi vida, comencé a vivir sola en compañía de mis gatitas Whiska y Bishi Didi, la gatita de mi hermana.

Capítulo 5.

INICIANDO UNA VIDA EN SOLEDAD. EL PUNTO DE QUIEBRE.

La decisión de vivir sola fue muy difícil, nunca lo había hecho y nunca imaginé lo que me iba a provocar esa decisión. A pesar de que temía mucho a los sismos y estar sola en ellos, decidí alejarme del lugar que me recordaba la pérdida de mis seres queridos. Junto con mis gatitas Bishi Didi y Whiska comencé esta nueva aventura. En ese momento de mi vida me identificaba con la canción de José Luis Perales *Un velero llamado Libertad*:

> *Ayer se fue*
> *Tomó sus cosas y se puso a navegar*
> *Una camisa, un pantalón vaquero*
> *Y una canción*
> *¿Dónde irá? ¿Dónde irá?*

Se despidió
Y decidió batirse en duelo con el mar
Y recorrer el mundo en su velero
Y navegar, navegar

Así fue, me fui a vivir a colonias desconocidas en donde renté varios departamentos. Seguía frecuentando a mis sobrinas y en ocasiones iba a visitar a mi hermana a Tampico y a otras ciudades donde también vivió. Mi familia siempre ha sido lo más importante en mi vida y, a pesar de la distancia y el tiempo, continuamos unidas a lo largo de todos estos años.

Hubo una temporada en la que me fui a vivir a una colonia ubicada en la alcaldía Iztapalapa. El edificio era muy alto, con muchos departamentos y no conocía a mis vecinos. No había agua y tenía que ir a baños públicos a bañarme. Ahí vivía con mis gatitas Bishi Didi y Whiska. Como seguía teniendo contacto con el profesor Arias, él me comentó que tenía dos departamentos dentro del terreno que ocupaba su casa y me podía rentar uno de estos. Me pareció muy buena la idea y, aunque estaba ubicada en un lugar más lejano, estaría cerca del profesor y de su familia. Además, la nueva renta era más económica que la que estaba pagando.

Durante el tiempo que viví sola estuve en peligro en varias ocasiones. En una ocasión me intentaron asaltar cuando iba llegando a mi casa. Un señor me tomó del cuello y me dijo que le diera todo mi dinero. En el momento en el que se lo iba a dar, se me cayó una botella y afortunadamente me soltó. Después, en la colonia Aviación Civil se metieron a robar al departamento donde vivía. En Iztapalapa Bishi Didi murió y por esta razón me deprimí mucho, caminé por las calles llorando, preguntándome porqué el veterinario causó su muerte por una mala práctica. ¡Whiska y yo la extrañábamos tanto! Este fallecimiento se sumó a uno más de mis seres queridos. En todos estos incidentes, en los que no me sucedió nada grave, creo que Dios y mis seres queridos siempre me estuvieron cuidando.

Tláhuac era un lugar tranquilo, con muchas áreas verdes. El departamento donde vivía era pequeño, pero entraba mucha luz por la ventana. Se encontraba a la entrada del terreno que ocupaba la casa del Profesor y su familia. En el centro se encontraba un jardín que dividía la casa de los dos departamentos. La familia del profesor era muy amable conmigo; vivía con su esposa y sus hijos, Alfonso y Erick, además de su hija Nayeli que ya era mamá de una pequeña niña. El profesor les había contado mi historia y fueron muy empáticos conmigo; hice una amistad muy bonita con sus hijos, especialmente con Alfonso y también con Nayeli, quien platicaba conmigo, me daba consejos y palabras de ánimo cuando me sentía triste. Yo también la escuchaba cuando tenía alguna inquietud o tristeza. Ella era más joven que yo, muy alegre, le gustaba mucho ir a las fiestas. A veces me invitaba, pero a mí no me han gustado mucho las fiestas desde que era muy joven; siempre he preferido estar en un ambiente más tranquilo.

Por aquellos tiempos me encontraba trabajando en la Secretaría de Salud, en el Centro de Salud Dr. José María Rodríguez, en donde desempeñé funciones de trabajo social durante 11 años. Después del trabajo me dirigía a la universidad, había comenzado a estudiar Psicología. Esta decisión la tomé a partir del proceso de terapia que llevé con el Dr. Ugalde, con quien ya había concluido las sesiones. Había comenzado a asistir a terapia con una psicóloga llamada Claudia Ramírez, quien me apoyó mucho durante más de dos años y además, tenía la libertad de llamarle cuando la necesitaba. Ella consideró que era necesario contar con el apoyo de una psiquiatra amiga suya, la Dra. Mercy Tut y entre las dos me apoyaron en una situación que más adelante les contaré.

En la facultad de psicología de Ciudad Universitaria encontré buenos amigos con quienes, hasta la fecha, tengo una bonita amistad. Cuando comencé a asistir a clase seguía siendo muy tímida y me costaba trabajo iniciar una plática con mis compañeros. No tenía mucho tiempo para hacer amigos, pues mis clases terminaban a las 10 de la noche y el camino a mi casa era muy largo. En ese tiempo unos chicos: Manuel, Alex y Abel, se acercaron a mí para platicar y preguntarme sobre mi trabajo y otras cosas. Después me presentaron a Rosalía y Aideé, unas chicas muy risueñas y simpáticas con las que inicié una bonita amistad. Por mi horario de trabajo no podía hacer trabajos en equipo y me era imposible reunirme con ellos. En varias ocasiones tuve que hacer equipo con algunas compañeras que, al igual que yo, trabajaban.

Durante esta etapa de mi vida comencé a tener sentimientos y pensamientos muy extraños. Durante toda la semana me encontraba ocupada con el trabajo y con la universidad. Me alimentaba muy mal y dormía poco. Me levantaba a las 4:30 am y llegaba a las 11 pm. Eran horarios en los que muchas veces me sentía muy cansada, no tenía tiempo de ver a mi familia. Comencé a sentirme agotada, agobiada y no podía asistir a terapia. Convivía muy poco con el profesor y su familia. Los recuerdos del sismo y todo lo que ocurrió con la muerte de mis seres queridos fueron recurrentes y comencé a sentirme sola, a tener sentimientos de culpa, tenía dificultad para dormir. Recuerdo que hasta comencé a tener sentimientos negativos hacia mi persona. Me sentía "basura", poca cosa, pensaba que no tenía caso seguir viviendo. Todo esto también lo comencé a sentir porque suspendí mi medicamento para la depresión y la ansiedad. En ese momento no lo comprendí, mi psiquiatra me lo dijo después.

Uno de los factores importantes para que comenzara a sentirme así, fue que en una de las materias donde nos auto aplicábamos las pruebas psicológicas —el maestro nos comentó que esto tenía la finalidad de conocer si teníamos algún problema de personalidad— el maestro nos hizo ver la importancia de que, como profesionales, tendríamos muchas vidas en nuestras manos y que podríamos tener influencia en una persona con nuestras palabras. Que, además, debíamos tener nuestro propio proceso terapéutico, no solo como estudiantes, sino cuando ya ejerciéramos nuestra profesión.

Con varias de las pruebas que me auto apliqué me di cuenta de que tenía síntomas de depresión y ansiedad, además de que había tratado de reprimir mis emociones. Aún me estaba afectando lo ocurrido en el sismo de 1985 en mi vida personal y laboral. Entonces, llamé a Claudia, mi psicóloga, me dijo que era necesario retomar mi terapia con ella y con Mercy, la psiquiatra. Claudia se preocupó mucho por mí, hizo mucho hincapié en que era importante visitar nuevamente a mis sobrinas y mis hermanas, por esa razón me sentía sola y estaban regresando los recuerdos que me hacían sentir deprimida. En una ocasión fui a consulta con la Dra. Mercy y, al verme tan deprimida, me dijo que me tenía que internar en la clínica donde ella daba consulta. Temía que intentara quitarme la vida, pues yo así se lo había manifestado en alguna ocasión.

Un fin de semana, estando sola en mi departamento de Tláhuac fue cuando decidí terminar con mi vida y me tomé unas pastillas de las que me daba la doctora Mercy. Unos minutos antes había escrito una carta póstuma dirigida a mis hermanas en la que les decía:

"Perdónenme por tomar esa decisión, pero no puedo más con la culpa de haber sobrevivido. Creo que Dios se equivocó al dejarme con vida a mí y no a ellos. Además, el mundo se librará de una persona como yo. Me duele dejarlas a ustedes y a mis sobrinas, pero es necesario que yo me vaya porque mi vida es un completo fracaso. En realidad, estoy sufriendo mucho por esa culpa tan grande que me hace sentir que no merezco la vida. No quisiera que ustedes sufran una pérdida más, pero no encuentro otro camino. No llegaré al cielo a ver a nuestros seres queridos, pero no puedo más con este dolor. Nuevamente les pido perdón, ustedes no se merecen esto".

Tomé las pastillas con miedo, pero segura de lo que estaba haciendo. Fue un momento muy difícil, me estaba enfrentando a mi propia muerte, como cuando estuve debajo de los escombros, solo que ahora yo misma la estaba buscando. Algo muy dentro de mí no se quería ir, pero en ese momento no veía otra salida. Ahora entiendo lo que piensan y sienten las personas que, como yo, en ese momento, toman una decisión tan difícil.

Después de ingerir las pastillas no recuerdo más. Desperté en un hospital en donde se encontraban el profesor Arias y su hija. Los vi preocupados, pero también molestos. Me preguntaron por qué lo había hecho. Yo estaba muy apenada con ellos y no les contesté.

Al regresar a casa, el profesor y su familia me dijeron que no podía estar sola y que tenía que estar al lado de mis hermanas. Entendí que ellos tenían razón y entonces decidí irme unos meses después, a pesar de que me dolía mucho dejar ese lugar en donde tenía tantos recuerdos. Entendí que esta familia no tenía la obligación de cuidarme, especialmente porque tenían hijos adolescentes y una pequeña de 5 años. Comprendí que, en realidad, traté de huir del lugar donde parte de mi familia falleció para alejarme de los recuerdos tristes, pero de esta manera en realidad logré alejarme de mis hermanas y de mis sobrinas, quienes siempre han sido mi soporte y mi razón de ser. Busqué una familia cuando ya tenía a la mía. Al abrir los ojos y darme cuenta de que estaba viva, sentí que Dios me estaba dando otra oportunidad, que solamente yo tenía esa idea sobre mí misma y que él me amaba mucho y no iba a permitir que mi vida terminara de esa forma. Además, él es quien decide cuando se termina nuestra misión en esta vida. Realmente no había sido consciente de esto, en esos momentos tan angustiantes.

 Fue entonces cuando me fui a vivir a la colonia Anáhuac, en un edificio que se encontraba muy cerca de donde vivían mis sobrinas. Ellas ya eran unas adolescentes muy hermosas que bailaban al ritmo de la música de los Backstreet Boys, el grupo pop del momento. Por ese tiempo mi sobrina nos visitaba, su mamá estaba trabajando. Recuerdo que tenía un año y medio aproximadamente y un día nos sorprendió caminando solita. ¡Había aprendido a caminar! Por un momento sonreí ante esta maravilla y pensaba que, de haber logrado terminar con mi vida, me hubiera perdido de compartir con mis sobrinas momentos tan importantes y maravillosos. Era parte de los regalos que Dios tenía para mí y que aún no los podía ver ni valorar en su totalidad porque aún tenía una tristeza muy grande en mi corazón.

Al continuar con estos sentimientos de tristeza, mi psicóloga y mi psiquiatra consideraron necesario que ingresara a la Clínica la Florida. Era una clínica de salud mental dirigida por religiosas. Mis sobrinas prometieron cuidar de mis gatitas y, de esta manera, me iría más tranquila. En mi trabajo me otorgaron incapacidad, ya había tenido algunos problemas; me enojaba con facilidad y al sentirme atacada llegaba a ser agresiva con mi jefa de manera verbal, nunca fui ofensiva, pero si le pedía que me dejara en paz, sobre todo porque cada 19 de septiembre, cuando se cumplía un aniversario más de los sismos, me sentía muy triste. Ella tenía una televisión en su oficina y veía un noticiero en el que pasaban imágenes de lo que sucedió aquel día. Yo no comentaba nada, pero creo que, con la expresión de mi cara, lo decía todo. Entonces ella se atrevía a decirme de manera despectiva y gritando: "¡Ya basta, ya pasó mucho tiempo, no tienes por qué estar así!" Esto me enojaba mucho y entonces le contestaba: "Ni al peor de mis enemigos les deseo esto, es más, ni a ti que me molestas tanto".

En la clínica me recibieron unas religiosas muy amables, sobre todo una de ellas llamada Lucy, quien estaba a cargo del cuidado de los pacientes junto con las enfermeras. Era una clínica muy bonita, de fachada blanca, a la entrada se encontraba una sala para recibir visitas y del otro lado, las oficinas de las religiosas y los consultorios médicos. Después se encontraba otra puerta que conducía a un patio que dividía los pabellones de los hombres y el de las mujeres. También había una capilla y una cancha de Voleibol. En el pabellón de las mujeres se encontraba una sala, los baños, las habitaciones y al fondo se encontraba el comedor y un jardín. Me asignaron una habitación en la que había dos camas y un ropero. Durante toda mi estancia estuve sola en esa habitación.

La madre Lucy era muy alegre y amable, muy diferente a las religiosas con las que estudié durante la primaria. Ellas eran de este tipo de personas que tenían muy claro aquel dicho de que "La letra con sangre entra". Durante mi niñez crecí con ideas muy rígidas sobre la religión católica impuestas por estas personas. La mayoría de las religiosas tenían un carácter fuerte y nos castigaban frecuentemente. Yo siempre fui una niña tranquila, pero me volví aún más por temor a sufrir un castigo. Mi escuela era de niñas y yo solo tenía una amiga. Hablaba muy bajito y apenas se me entendía lo que decía. Muchas veces me juntaba en el recreo con mi hermana Claudia y sus amigas, pues tenía miedo de socializar con niñas de mi edad. Mi única amiga, llamada Lulú, también era tímida como yo, pero un poco más sociable. En mi casa mi actitud era diferente, no tenía la amenaza de las maestras. Jugaba con mis hermanos como cualquier niña.

En mi mente quedó registrado ese desagradable recuerdo, cursaba tercero de primaria con la madre Matilde, conocida por ser muy exigente, en una ocasión una niña se orinó en plena clase, se enojó mucho y la arrastró del cabello por todo el pasillo. Además, le exigió que fuera por un trapo para limpiar.

Como no lo hizo bien, la insultó y la golpeó. Yo estaba aterrada al igual que las otras niñas del salón, ni siquiera la podíamos ayudar. En otra ocasión estábamos bordando y me equivoqué, la madre me picó la mano con la aguja y me aguanté las ganas de llorar, por temor a que me fuera a pegar. Nunca le dije a mi mamá por temor a represalias. Sin embargo, cuando ocurrió algo parecido con mi hermana menor, ella sí se lo dijo a mi mamá y entonces ella fue a reclamar y a advertir a las religiosas que nunca volvieran a tocar a su hija. Hasta la fecha lamento no haberle dicho a mi mamá lo que me sucedió a mí, sé que ella me hubiera defendido.

Cuando supe que la clínica estaba dirigida por religiosas imaginé que maltrataban a los pacientes, pero no era así; al menos la madre Lucy siempre nos trató con respeto y me daba consejos. En cada uno de los pabellones había dos enfermeras que se encargaban de darnos los medicamentos y de estar al pendiente de nosotros durante el día y la noche. Una de ellas sí era estricta y a veces la escuchaba amenazar a Reyna con meterla a la habitación de una de las pacientes que gritaba mucho.

Los días en la clínica solían ser muy similares. Desde muy temprano, a las 6 am, nos teníamos que levantar a bañar. Yo trataba de ganar una de las regaderas, pues si me tardaba, no alcanzaría el desayuno. En ese momento nos daban los medicamentos que nos ayudaban mucho a todas. Me di cuenta que todas los necesitábamos para sentirnos mejor de ánimo. Uno de mis problemas es que no podía dormir después del sismo y el ansiolítico me ayudaba a hacerlo. En las noches escuchaba a una mujer que decía: "Mamá mala, mamá mala", mis compañeras comentaban que era una religiosa que se enfermó por cuidar a los pacientes de esa clínica. Después nos juntábamos en la cancha en donde nos encontrábamos con los hombres. También había compañeros de todas las edades y con diferentes diagnósticos. La madre Lucy nos hacía participar a todos en las actividades deportivas. Me di cuenta de que había dos hombres jóvenes, muy bien parecidos, pero se veían un poco mareados, especialmente uno de ellos. Las enfermeras decían que estaban así porque tomaban mucho medicamento. Pude notar que había algunas parejas de novios en esos momentos. El recreo era la ocasión perfecta para estar juntos, platicar y tomarse de la mano. Uno de los jóvenes, Jorge, que me parecía guapo y simpático, se acercó a mí en varias ocasiones para platicar, ante la mirada enojada de una chica que también estaba internada. En ese momento ella prendió su radio y se escuchaba una canción del grupo *Los Chemical Brothers*, Entonces pensé: Es muy joven para estar aquí. También están los otros muchachos y yo. Es triste que gente tan joven se encuentre internada en este lugar. La depresión y las otras enfermedades mentales se pueden presentar a cualquier edad".

Jorge me contó que él y su amigo ingresaron a la clínica porque tenían síntomas de depresión, pero que los mantenían sedados. También me dijo que él ya no quería seguir ahí, que se había dado cuenta de que estaba mejor en su casa. El ambiente allí era pesado, había muchas personas que realmente estaban enfermas y los días en aquella clínica eran muy largos. Nosotros teníamos depresión y podríamos llevar nuestro tratamiento en casa. Esto me hizo pensar que él tenía razón y que a mí tampoco me gustaría estar ahí por mucho tiempo. Tal vez la estancia en la clínica nos haría valorar lo que teníamos, que éramos afortunados al tener una familia, trabajo y, sobre todo, libertad.

En los días posteriores seguí platicando con él hasta que un día me dio la noticia de que lo darían de alta muy pronto; me hizo prometer que yo también me iría de ahí. La madre Lucy se dio cuenta de que platicábamos muy seguido y me comentó que sería muy bueno que al salir de la clínica él y yo continuáramos con nuestra amistad. Sinceramente me entusiasmé mucho con esa idea, pero cuando él salió de la clínica me sentí triste, aún así, recordaba constantemente sus palabras, no iba a darme por vencida y tomaría muy en serio mi tratamiento. Tal vez en un futuro dejaría los medicamentos y sería feliz, podría dormir con toda tranquilidad sin necesidad de las pastillas.

Solo estuve cuatro semanas en ese lugar, fue el tiempo que me autorizaron para la incapacidad en mi trabajo. Claudia, mi psicóloga, me fue a visitar durante esas cuatro semanas; platicaba conmigo y yo le contaba todo lo que vivía ahí dentro, incluyendo mis pláticas con Jorge. Mis hermanas y mi sobrina Claudia también iban a visitarme. Me contaron que próximamente sería el cumpleaños de Arantza. No pude ir, pero mi psicóloga me dijo que por esta ocasión no iba a ir a su cumpleaños porque estaba en recuperación, pero que después iría a muchos cumpleaños más, y así fue, no sólo estuve en su fiesta sino en la de todas mis sobrinas.

Mi vida en la clínica

Desde el primer día que conocí a mis compañeras en la clínica me di cuenta de que todas teníamos diferentes diagnósticos: depresión, esquizofrenia, ansiedad y otros padecimientos mentales. Yo fui diagnosticada con un cuadro depresivo mayor y, por esta razón, era necesario el ingreso al nivel hospitalario. Lupita era una chica que tenía retraso mental y nunca supe la razón por la cual estaba ahí. Reyna era una señora adulta mayor, quien se emocionaba mucho cuando nos anunciaban que íbamos a desayunar, a comer, a jugar, etc. Repetía en varias ocasiones: "Vamos a desayunar, vamos a desayunar". Las enfermeras se enojaban con ella y le pedían que se callara. En un principio no entendía la razón de su enojo, pero después supe que escuchar lo mismo durante mucho tiempo, todos los días, las hacía enojar. Había una paciente que vivía sola en su cuarto al que no permitía que nadie entrara. Se comentaba que lo tenía muy desordenado. En ocasiones salía corriendo hacia el jardín gritando que ya se quería ir. También había una señora que había estudiado la carrera de Química, ella decía que nos daban de comer alimentos contaminados y que contenían veneno. Ella fue quien, al saber que yo estaba estudiando psicología, les dijo a las demás que yo había ido a "estudiarlos y observarlos" y que no confiaran en mí. También había una chica que me miraba de manera extraña; me decía que a muchos los metían allí por depresión, pero en realidad tenían algo más grave.

En una ocasión vi que llegó una chica gritando y llorando. Las enfermeras y los médicos la amarraron a una cama, pero ella seguía llorando. Sentí una gran tristeza, consideraba injusto que la amarraran. Escuché que tenía sed y vi que las enfermeras no le hacían caso. Entonces me acerqué a ella y le ofrecí un vaso con agua. Se lo di en la boca porque ella no podía tomarlo. Al mirarme me agradeció, pero también me dijo: "¡Por favor, no quiero vivir, ayúdame a morir! No le pregunté por qué se quería morir, sentí un escalofrío que corría por mi espalda y le dije: "Yo no puedo hacer eso. Mejor vamos a vivir las dos, yo tampoco quería seguir viviendo, pero ahora sé que sí se puede, aun a pesar del dolor". En ese momento la chica dejó de gritar, me miró, pero seguía llorando. Las enfermeras me pidieron que me retirara, lloré preguntándome de dónde me salieron esas palabras para ella. Tal vez del corazón al verla tan indefensa, tan frágil; tal vez era por cómo me encontraba en ese momento. Tal vez le dije las palabras que me hubiera gustado que me dijeran cuando intentaba acabar con mi vida. Ya no supe más sobre esa chica. Creo que estuvo en observación en el área de cuidados intensivos.

Desde ese día comencé a ver la vida de otra forma; había otras personas sufriendo igual o más que yo, con enfermedades más graves quizá, por ejemplo, un hombre de unos 68 años de edad que recitaba poesía con una sensibilidad muy grande, pero también tenía esquizofrenia. Me di cuenta de que en esa clínica había profesionales, personas con estudios pero que no habían podido seguir adelante con su vida normal a causa de alguna enfermedad mental. En los últimos días en que estuve allí, platiqué con una chica que había estudiado arquitectura quien me dijo: "Tú eres muy afortunada porque tienes trabajo y una familia. Además, vas a regresar a tu casa. En cambio, yo no podré hacerlo nunca. Tengo esquizofrenia. Mi familia ya no me viene a ver; solamente pagan la mensualidad de la clínica y me han abandonado". Las voces y alucinaciones que escuchaba y veía la atormentaban a cualquier hora del día, principalmente en las noches en las que no podía dormir. Decía que quienes le hablaban eran personas que alguna vez conoció, pero también eran desconocidas. La atormentaban gritándole, ofendiéndole y obligándola a hacer algo que ella no quería. También conocí a otro joven que, al mirar la TV, decía reconocer a la persona que estaba ahí; era una de sus tías y que seguramente me había enviado para vigilarlo. Recordé también a Raúl, el joven al que visitaba en el Hospital Samuel Ramírez cuando realizaba mis prácticas, quien en una ocasión nos contó a mis compañeras y a mí que, un fin de semana fue de visita a su casa y la taza del baño lo insultó, por esta razón la destruyó. Entonces tuvo que regresar al hospital.

¡Cuánto sufren las personas que tienen esta enfermedad! Las palabras de esa joven, platicando conmigo en el jardín, llegaron a un lugar muy profundo de mi corazón, sentí mucha tristeza por ella, pero sabía que sus palabras eran muy ciertas. Yo no había valorado la vida, mi trabajo, mi familia. Solo miraba la parte obscura y triste de aquel milagro que se llamaba vida.

En una ocasión llegó un grupo de estudiantes de psicología con su maestra y me entrevistaron. Me dio mucha pena porque yo también era estudiante de psicología y estaba en ese lugar. Al contárselo a mi psicóloga, ella me dijo que no sintiera vergüenza, pues al estar ahí como paciente, estaba aprendiendo mucho más que como estudiante, estaba viviendo en carne propia lo que es estar dentro de un sanatorio de salud mental. De esta forma, entendería mejor a los pacientes cuando ya estuviera dentro de la práctica clínica y eso me haría mejor psicóloga.

Todas estas experiencias me hicieron pensar y valorar lo que tenía. Si bien era cierto que perdí a tres personas amadas en una situación terrible, no lo había perdido todo, tal y como me lo dijo esa chica, tenía a mis hermanas, mis sobrinas, mi trabajo y mis gatitas. Además, iba a regresar al final de cuatro semanas. Al final, mi psicóloga tenía razón, la forma en la que veía ahora a los pacientes era muy diferente a la que tenía como estudiante de psicología. La manera en que yo veía a Raúl en el Hospital Samuel Ramírez como estudiante, era muy diferente a la manera en que yo veía ahora a todos mis compañeros como paciente dentro del hospital. Esa experiencia fue un tesoro muy grande, el que hasta la fecha guardo en mi corazón.

Ya no los vería más como sujetos de estudio, sino como seres humanos que sufren, lloran, sueñan y sienten como cualquiera. Que esperan ver entrar por la puerta de la clínica a alguno de sus seres queridos para llevarlos a casa de regreso. Que sueñan con que esas voces que escuchan desaparezcan para siempre y los dejen vivir y dormir tranquilos. Ellos darían cualquier cosa por volver a sonreír, por volver a vivir en su casa una vida normal. Me parece que tenía que vivir esta experiencia para valorar la vida, para agradecer la oportunidad que tenía de haber sobrevivido, que no había ninguna culpa por haberlo hecho y que, además, no era una persona despreciable, como pensé tantas veces.

Cuando faltaban unos días para salir de la clínica pasé más tiempo en el jardín disfrutando la soledad, era uno de los lugares más tranquilos pues a veces el ambiente se tornaba muy ruidoso por los gritos de los pacientes y de las enfermeras. Me encantaba ver los árboles y las ardillas que brincaban de un árbol a otro. Pensaba en lo que haría después de que saliera de la clínica. Temía que en mi trabajo me siguieran considerando la loca, la que estuvo en una clínica de salud mental. Desafortunadamente me encontré con personas incomprensivas dentro de mi área laboral que pensaban de esta manera, pero siempre conté con el apoyo de mis directores y otras personas, quienes entendían la situación por la que estaba pasando.

Capítulo 6.

DE REGRESO A CASA

Antes de salir de la clínica llegó al que fue mi cuarto durante cuatro semanas una mujer de aproximadamente 35 años. Se veía muy triste, me dijo que intentó quitarse la vida, que tenía una hija de 5 años y que ni siquiera eso la detuvo en su decisión; pero que no logró su objetivo y por eso había llegado a la clínica. Yo ya estaba lista para salir del cuarto, pero me quedé a platicar con ella solo pude decirle: "En esta clínica te van a ayudar mucho, tal como lo hicieron conmigo. Además, vas a aprender a valorar tu vida y especialmente la de tu hijita". Ella me dijo llorando: "Muchas gracias por decirme eso, mi hija es a quien más quiero y sé que ella está sufriendo también".

Me despedí de ella, de mis compañeras, de las enfermeras, de la madre Lucy y de todo el personal. Sentí tristeza al dejar ese lugar en el que tuve tantas vivencias y en el que aprendí mucho. Me despedí de sus jardines y de las ardillas que pasaban por ahí, de los momentos que pasé a solas, leyendo y reflexionando sobre mi vida. También, antes de irme, pasé por la capilla en donde iba a orar y a hablar con Dios. Aquel era mi primer encuentro con él después de mucho tiempo. Los últimos años los había vivido de una manera muy impetuosa, me dejaba llevar por mis impulsos, muy desordenada, sin pensar en las consecuencias. Simplemente hacía las cosas, actuaba sin investigar y sin pensar, como cambiar de domicilio a lugares desconocidos y peligrosos sin medir las consecuencias. Recuerdo que en aquellos tiempos escribía un diario en el que mencionaba en repetidas ocasiones que, al actuar de esa manera, inconscientemente, me estaba autocastigando por haber sobrevivido. Cada error que tenía lo magnificaba y, sin querer, lastimaba a las personas a mi alrededor, a mi familia y a todos los que se encontraban cerca de mí.

En esos momentos de quietud en la capilla de la clínica, le pedí perdón a Dios por reclamarle el haber sobrevivido y también por haber atentado contra mi vida. Nunca lo entendí, y creo que no entenderé por qué tuvieron que irse de esa manera tres de mis seres más amados, lo que sí comprendí es que yo no tuve la culpa de haber sobrevivido y que, si hubiera logrado terminar con mi vida, le habría causado una pena muy grande a mi familia. Pensé que, si lo hubiera logrado, no habría conocido a tantas personas valiosas. Además, no hubiera visto crecer a mis sobrinas ni a mis hermanas lograr sus sueños. Fue hasta entonces que me di cuenta de que ellas también sufrían por lo que me estaba pasando y yo no me daba cuenta.

Después supe que mi psicóloga les explicó sobre lo que estaba sucediendo; es decir, que yo tenía un cuadro severo de depresión y ansiedad y que ambas son consideradas enfermedades comunes pero graves, que interfieren con la vida diaria, en la capacidad para trabajar, dormir, estudiar, comer y disfrutar de la vida. Según la Organización Panamericana de la Salud: "Son causadas por una combinación de factores genéticos, biológicos, ambientales y psicológicos. Las personas con depresión suelen presentar varios de los siguientes síntomas: pérdida de energía; cambios en el apetito; necesidad de dormir más o menos de lo normal; ansiedad; disminución de la concentración; indecisión; inquietud; sentimiento de inutilidad, culpabilidad o desesperanza; y pensamientos de autolesión o suicidio".[5]

---

5 | Disponible en: www.paho.org/es/temas/depresion (2013-2020).

La clínica Florida era el lugar perfecto para realizar servicio social o prácticas como estudiante de psicología o psiquiatría, sin embargo, yo no era una estudiante mientras estuve ahí. En ese lugar fui un ser humano como cualquier otro, pero en una situación de vulnerabilidad, sintiendo el dolor en lo más profundo de mi corazón, con síntomas de ansiedad y depresión en mi cuerpo y en mi alma. La ayuda de los doctores, de mi psicóloga, de mi psiquiatra, de las enfermeras y de las religiosas fue muy importante. Jamás olvidaré el esfuerzo que hicieron para lograr mi mejoría y el trabajo profesional que cada uno de ellos realizó conmigo. Me escucharon, me dieron mis alimentos y medicamentos cuando los necesité. Nunca fueron déspotas o desinteresados en su trabajo. Siempre dieron lo mejor para que mis compañeros y yo nos sintiéramos bien y nuestra estancia en la clínica fuera menos triste. Ellos han sido mi mejor ejemplo para ejercer mi trabajo como psicóloga y como trabajadora social.

El día que salí de la clínica, mi hermana Claudia y mi sobrina ya me estaban esperando. Nos dimos un gran abrazo, estábamos alegres porque después de 4 semanas regresaría por fin a mi casa, a ver a mis sobrinas y a mis gatitas que también ya me estaban esperando en el departamento donde vivía con ellas. Primero, llegué a casa de mi hermana, mis sobrinas, me recibieron muy alegres y me dijeron que me habían extrañado mucho, yo también a ellas. Eran unas adolescentes hermosas quienes en todo momento me apoyaron y, en mi ausencia, cuidaron a mis gatitas, pues yo vivía en un edificio cercano al de ellas.

Me contaron sobre los Back Street Boys, cuyas canciones continuaban vigentes y eran su grupo juvenil favorito, además de otro grupo llamado: Nsync. Muchas de sus canciones aún son mis favoritas. Mi hermana menor vivía en Cuernavaca con su esposo y mi sobrina por lo que no pudieron estar ahí, pero me llamaron por teléfono para darme la bienvenida. Con tanto cariño de mi familia agradecí a Dios por sus bendiciones, por todo lo que tenía, recordando la plática que tuve con aquella chica que me contó que fue abandonada en la clínica.

Al regresar por la noche a mi departamento, abracé también a mis gatitas Luna, Pi y Whiska. En ese momento me sentí sola después de haber vivido tantas experiencias y emociones durante el día, pero también me sentí reconfortada con sus expresiones de amor. Fueron momentos de reflexión en los que pensaba que estaba a punto de continuar con mi vida laboral y escolar. En aquellos tiempos no pensaba en tener novio, aún no me sentía segura para iniciar una relación. En cuanto a la universidad, seguía la huelga y por casualidad mi amigo Alex me llamó por teléfono a casa. Me dijo que estaba tomando clases extramuros en el Hospital General de México y en el Colegio de San Ildefonso. Así que me incorporé a esas clases. Una vez que terminó la huelga, regresamos a las aulas de la facultad de Psicología. Me emocionaba al volver a entrar a los salones, a la biblioteca, a los jardines. En la facultad la vida seguía su curso, parecía que no había pasado nada, sin embargo, había una diferencia en mí, y es que había tenido la oportunidad de pasar un tiempo trabajando en mi propia paz y salud mental, además, había tenido la oportunidad de reintegrarme a la vida escolar.

Alex conocía lo que había vivido en la clínica de una manera general. Me costaba trabajo hablar de esto con mi amigo, quien además estaba estudiando psicología y podría tener prejuicios con relación al tema. Sin embargo, las palabras de mi psicóloga quedaron muy grabadas en mi mente y en mi corazón. No tenía por qué sentirme avergonzada por haber estado internada en la clínica, era necesario debido a los síntomas de depresión severa. Era necesario que viviera las experiencias con los pacientes, con las religiosas, para poder formarme como una mejor psicóloga y, además, porque había vivido todo lo que encontrábamos en los libros relacionado con la depresión. Por esta razón decidí contarle a Alex y a mi grupo de amigos lo que había vivido en la clínica. Ellos expresaron su sentir, no sabían por lo que había estado pasando y que, de haberlo sabido, me hubieran apoyado. En ningún momento se avergonzaron de mí, y desde ese momento me apoyaron y me brindaron su confianza. También me dijeron que me admiraban por haber decidido continuar estudiando una segunda carrera y pensar en ayudar a la gente a pesar de tanto dolor.

Al regresar a mi trabajo, mi jefa y mis compañeras me recibieron bien, pero sin hablar del tema. Inmediatamente me asignaron mis actividades, había mucho trabajo; me sentía emocionada por atender a la gente, impartir pláticas a los pacientes en la sala de espera y realizar visitas domiciliarias. Sentía la emoción que tuve en mi primer día de trabajo en el Centro de Salud Dr. José María Rodríguez al cual, hasta el día de hoy, le tengo mucho cariño, por su gente, por su jardín, sus ardillas, sus árboles y al bello gatito Félix que actualmente vive ahí.

En un principio no había problemas ni discusiones en la oficina de Trabajo Social, sin embargo, no tenía confianza para contar a mis compañeras sobre mi experiencia en la clínica debido a los problemas que tuvimos anteriormente. Solo pude platicar con mi amiga Claudia, una trabajadora social que desde que llegué a ese centro de salud tuvo una actitud muy amable hacia mí. Consideraba que ella era mi amiga y le conté brevemente sobre mis vivencias en la clínica. Ella expresó su alegría por mi regreso y me dijo que me había extrañado.

En esa época me di cuenta de que hay algunas personas (trabajadores sociales, enfermeras, etc.) que trabajan en clínicas u hospitales y que aún tienen prejuicios, desconocimiento y falta de empatía hacia las personas que presentan síntomas de depresión y/o ansiedad; o cualquiera de las enfermedades mentales, especialmente si se trata de un compañero de trabajo. En esos tiempos, aproximadamente a principios del año 2000, encontré que algunos de mis compañeros de las otras áreas me trataban de manera diferente. Alguna vez una compañera me comentó que en una ocasión escuchó comentarios tales como: "¿Es posible que ella tenga depresión, si está estudiando psicología y además es trabajadora social?" "No hay que tomar mucho en serio lo que ella diga, porque quedó medio mal de la cabeza por haber estado bajo los escombros" "No es una persona confiable, está tomando medicamento". Al principio me dolió saber lo que se comentaba, sin embargo, he aprendido a vivir y a trabajar evitando el trato con este tipo de personas. Con el paso de los años he logrado realizar mi trabajo con amor y profesionalismo; a pesar de todo lo que decían esas personas, he encontrado directores, administradores y otros compañeros que han reconocido mi labor como Trabajadora Social y actualmente como Psicóloga a lo largo de 30 años de servicio.

En los últimos años los servicios de salud y organizaciones no gubernamentales han tratado de modificar el concepto de enfermedad y salud mental. Han realizado programas que tienen el objetivo de erradicar el estigma y la discriminación asociados a las personas con alguna enfermedad mental, además de promover la salud mental en la población y un clima de respeto en el ambiente laboral. En la época en la que salí de la clínica, apenas se comenzaba a trabajar en este tema. Por esta razón, entiendo que algunos tenían ideas equivocadas y prejuicios en relación a las personas que tienen síntomas de depresión, ansiedad, etc.

Desde que salí de la clínica, no he tenido episodios de depresión severa, tampoco he pensado en quitarme la vida. He tenido algunos síntomas de depresión, pero han sido leves o moderados. Además, es importante mencionar que continué con mi tratamiento psicológico y con mi medicamento antidepresivo. Mi psicóloga, Claudia Ramírez, se embarazó, tuvo otros compromisos y me dio de alta; ella confió en que podía continuar mi vida con las herramientas que adquirí durante el proceso de psicoterapia. Mi psiquiatra Mercy Tut, se fue a Yucatán, no obstante, seguí buscando apoyo en la psicología, en la psiquiatría, en otras áreas del conocimiento humano. También me acerqué más a Dios después del alejamiento que tuve por más de 15 años. Le pedí perdón por haber actuado de manera tan impulsiva. Encontré en su palabra el consuelo y paz que por tantos años busqué.

He leído libros de autores como Viktor Frankl, *El hombre en busca de sentido*, quien vivió en los campos de concentración. Ayudó a sus compañeros, los animaba con palabras y cánticos en los momentos más difíciles. Él me enseñó que: "Cuando ya no podemos cambiar una situación, nos encontramos ante el desafío de cambiarnos a nosotros mismos". "El dolor es inevitable, pero el sufrimiento es opcional". Gracias a estas lecturas he tratado de entender por qué ocurrieron así las cosas y sé que ni mi familia ni yo tuvimos ninguna responsabilidad ni control sobre las circunstancias.

También estudié un diplomado de Reingeniería Humana en el Instituto Politécnico Nacional (IPN), en donde continué trabajando en el área emocional. Me he capacitado y actualizado en adolescencia, grupos de ayuda mutua, etc., con la finalidad de encontrar un sentido en mi vida, de encontrar la misión para la cual sobreviví, de honrar la memoria de mis seres queridos continuando con su legado.

A lo largo de todo este proceso he tratado de aprender a apreciar y encontrar significado en las actividades diarias, como disfrutar de una taza de café por la mañana, pasar tiempo con mis seres queridos o ayudar a alguien en necesidad. He cultivado una mentalidad de gratitud y atención plena para descubrir el valor esencial de cada momento. El camino de la sanación interior es algo cotidiano y es importante alimentarla cada día como si fuera una flor. En alguna ocasión escuché a mi buen amigo, el Dr. Toledo, quien me decía que nunca se termina de estudiar. Siempre hay algo nuevo, hay retos personales y profesionales que se pueden enfrentar con decisión, respeto y sobre todo con mucho amor a la profesión, hacia nuestros semejantes, a la naturaleza, a los animales y hacia uno mismo.

"La muerte da sentido a la vida en la medida en que el hombre percibe un límite para construir su ser en el mundo".

Viktor Frank

Capítulo 7.

EL MOMENTO CRUCIAL, UN SUCESO IMPORTANTE EN MI VIDA

Pasaron los meses después de que salí de la clínica Florida y continué laborando en el Centro de Salud Dr. José María Rodríguez, un lugar donde siempre me ha gustado trabajar. Fue el primer centro de salud que me asignaron para desempeñar funciones de trabajadora social y, años después, como psicóloga. A la entrada hay un enorme jardín con grandes árboles y dos palmeras en donde viven varias familias de ardillas. Hay árboles frutales, flores y muchas plantas. También han llegado a vivir en el jardín algunos gatitos que ayudan a prevenir la existencia de ratas en el lugar. Desde hace algún tiempo llevo alimento a las ardillas y al gatito. El alimento de las ardillas son cacahuates naturales que guardamos en una casita de madera que les mandé a hacer. También tienen dos mesitas de madera que les mandó hacer la Dra. Esmeralda Rojas, actual directora, quien también es una persona que respeta y ama la naturaleza y los animales al igual que yo. Ha sido un esfuerzo de muchos años y de muchas personas que nos interesamos en conservar un jardín tan grande y tan bello. Se requiere regar los árboles y plantas para que el jardín luzca tan bello.

De aquellos tiempos cuando trabajaba en este lugar recuerdo a la Dra. Ma. Eugenia Rivera, a quien veía sirviendo cacahuates a las ardillas y dando de comer a un gatito negro llamado Sombra, todos vivían en el jardín. Una tarde me acerqué a la doctora para decirle que la admiraba mucho por su amor a los animales, la había visto en varias ocasiones alimentándolos. Ella me comentó que lo hacía con mucho cariño, le gustaban y los respetaba mucho. Le pregunté si quería que le apoyara con el alimento de Sombra y ella me contestó que sí, desde ese día nos dedicamos a cuidar de los animalitos y el jardín del centro de salud.

Llegó el día en que la Dra. Rivera se jubiló, pero me prometió llevar cacahuates a las ardillas. Ella era una persona muy sensible y amable, odontóloga de profesión, quien ya se encontraba en vísperas de obtener su jubilación. Tal y como me lo prometió aquel día, llevaba el alimento de las ardillas cada dos o tres semanas, hasta que en una ocasión no llegó. Por mis compañeros supe que la doctora había fallecido a causa de un infarto. Fue un momento muy triste para mí, no pude despedirme de ella. Desde entonces, y para seguir con este acto de bondad, continué llevando alimento para las ardillas y al gatito Félix, que vive actualmente en el jardín. Cuidar a los animalitos y la relación con la Dra. Rivera ayudaban a que el ambiente en mi trabajo fuera menos complicado. También tomaba clases de baile y Tai Chi Chuan una vez que terminaba mi trabajo; habían llegado al Centro de Salud maestros que impartían estas clases y teníamos permiso de asistir. Incluso llegué a participar en varios torneos de Tai chi chuan y Kenpo chino.

En cuanto a la escuela, realicé mi servicio social en la Fundación Mexicana para la Lucha contra el SIDA. Fue mi primer acercamiento con este tema tan interesante y con las personas que sufren de esta enfermedad. En este lugar conocí psicólogos titulados y pasantes como yo. También aprendí a ofrecer Consejería a las personas que acudían a realizarse la prueba de VIH, era como dar terapia breve. Recibíamos a las personas en la sala y platicábamos con ellos en el consultorio; después los llevábamos al laboratorio para la toma de su muestra. En aquellos tiempos se realizaba este procedimiento, actualmente ya se cuenta con pruebas rápidas que ofrecen un proceso más ágil para que la persona conozca su resultado. Fue muy interesante tener este tipo de acercamiento, conocer los riesgos para contraer esta enfermedad y además poder orientarlos para prevenirla, especialmente a los jóvenes.

Fue entonces que decidí realizar mi tesis sobre el tema de la depresión en las personas que viven con VIH/SIDA. Visité aquellos lugares donde se encontraban niños y adultos enfermos. Cuando visité el Hospital General de México me impresionó ver a los que se encontraban en etapa terminal, estaban muy delgados, con muy pocas esperanzas de vida, sin embargo, me comentaban que, aún en su estado, agradecían a Dios el haberles permitido conocer tanta gente buena. Lo único que lamentaban era que ya no tenían oportunidad de redireccionar su vida. Muchos de ellos habían vivido de manera impulsiva e irresponsable al relacionarse con otras personas sin usar protección en sus relaciones sexuales.

Al visitar la Casa de la Sal y otra institución, las psicólogas y trabajadoras sociales me comentaron que los padres de los niños habían fallecido porque se les detectó tardíamente esta enfermedad. Durante mi formación como consejera aprendí que cuando una mujer embarazada tiene un resultado reactivo o positivo a VIH, entonces recibe tratamiento y de esta manera su bebé nace libre de VIH. Si la mamá o ambos padres continúan con su tratamiento, pueden vivir muchos años más. Desafortunadamente, el VIH aún es una enfermedad incurable, pero cuando se recibe tratamiento a tiempo, hay esperanza de vida de muchos años.

Mi director de tesis fue mi maestro Sotero Moreno Camacho, quien fue mi profesor en varias de las materias que cursé en la facultad de Psicología. Él me apoyó y me enseñó muchas cosas. Tuve los elementos necesarios para realizar mi tesis, se tituló: "Depresión y carácter en VIH/SIDA". El resultado fue muy interesante: las personas que viven con VIH/SIDA sí presentan síntomas de depresión, sin embargo, aquellos que tienen un adecuado apego a su tratamiento médico y psicológico tienen síntomas leves. Además, esta enfermedad ya no es sinónimo de muerte, si las personas toman su medicamento tal y como se los indican los médicos, las molestias son menores y pueden vivir muchos años.

Llegó el día de mi examen profesional en el que estuvieron presentes mis hermanas y mis sobrinas, mis amigos de la facultad: Rosalía, Alex y Aidé; también estuvo presente Juan José, quien en ese momento era mi novio y al que conocí 17 años atrás. Aprobé mi examen profesional y fuimos a celebrar al restaurante Alpen House. Mi hermana Claudia y mis sobrinas administraban ese restaurante junto con otras personas. Mi hermana Ady me cantó una canción muy bonita. Mis sobrinas me regalaron una tarjeta en donde todas me decían que estaban orgullosas de que terminé una segunda carrera a pesar de todos los obstáculos que se me presentaron. En esos momentos me di cuenta de que estaba cumpliendo con parte de esa misión por la cual había sobrevivido.

Terminé mi tesis y ahora me correspondía buscar el lugar correcto para poder ayudar a las personas que sentían dolor, tristeza, llanto y que no encontraba respuestas a sus preguntas, tal y como yo me sentí durante mucho tiempo En esa ocasión de mi examen profesional, invité a Juan José, nos acabábamos de reencontrar después de 17 años. En ese tiempo, cuando nos conocimos, él era un joven a quien mi papá me presentó en una ocasión cuando ofreció un recital de ópera en el Foro Cultural Coyoacanense en 1987. En esa ocasión lo acompañamos mi hermana menor y yo. Después del concierto se ofrecieron bocadillos a los invitados en la casa de la tía Nena, (tía de mi papá). Mi hermana menor, Juan José y yo comenzamos a platicar sobre la música que nos gustaba: New Age, instrumental y jazz. Mi hermana nos comentó que a ella le gustaba otro tipo de música y se fue a pasear por los jardines. Después fuimos con ella a visitar el Museo de las Intervenciones que se encontraba frente a la casa de la tía Elena. Más tarde acordamos Juan José y yo que nos veríamos otro día para escuchar la música que nos gustaba.

Él llegaba por mí en el coche de su papá, un Safari color naranja. En ese tiempo yo vivía con mi papá y con mi hermana; no teníamos teléfono en casa y él me llamaba al que se encontraba en la portería del edificio. Nos íbamos a la Alameda de Santa María la Ribera y escuchábamos música de Yanni y Sussane Ziani, grabada en un casete que colocaba dentro de un walkman al que agregó dos bocinas pequeñas. Mientras escuchábamos la música platicábamos sobre la escuela, nuestros intereses, etc. Sinceramente me gustaba mucho la compañía de Juan José, me parece que era mutuo. Recuerdo que alguna vez fuimos a su casa, era semejante a un palacio Era una casa propia de dos pisos, la cual fue proyectada y construida por su papá, quien era ingeniero y quien ya había fallecido a causa del cáncer. Juan José vivía con su mamá y con su hermana Gaby, ellas siempre fueron muy amables conmigo. La casa, ubicada en la calle de Nebraska en la colonia Nápoles, tenía un jardín pequeño en la entrada y en la parte de atrás uno más grande. La sala era muy grande con dos ventanales desde donde entraba mucha luz. Tenían dos pajaritos llamados Surby y Julie, ambos entonaban cantos hermosos desde temprano. Desafortunadamente, Surby falleció, dejando a Julie sola y triste. Ya no se escuchaba el canto de ambos, sino el trinar triste de Julie.

En una de esas ocasiones en las que salíamos a escuchar música Juan José me preguntó si tenía novio. Fue muy difícil para mí responder que sí, era el tiempo en que Ángel se había ido a Estados Unidos durante un año. Entonces percibí una especie de desencanto y tristeza en sus ojos, tal vez él hubiera esperado que mi respuesta fuera negativa, pero tenía que ser sincera, a pesar de que no estaba segura de que al regresar Ángel desearía continuar con nuestra relación, yo tampoco estaba segura de ello. Desde entonces Juan José se alejó y dejó de llamarme.

Un día nos avisó la señora de la portería que se descompuso el teléfono y no nos podían pasar más llamadas. No sé si Juan José me llamó en alguna ocasión, nunca lo supe. Yo tenía su número telefónico, sin embargo, en ese tiempo, en mi grupo de la iglesia estaba mal visto llamar a un chico por teléfono. Una mujer no debería llamar a un hombre, ni siquiera como amigo. Nunca le llamé y así pasaron los años. Al principio me sentía muy triste, pasaba momentos muy agradables en su compañía, extrañaba las tardes en las que escuchábamos música. En ocasiones escuchaba con tristeza los casetes que él me grabó. Me costaba trabajo tener que seguir con las ideas represivas para la mujer en aquella época.

Cuando regresó Ángel de E.U y terminó la relación conmigo, me dio mucha más tristeza y enojo porque fui sincera con Juan José cuando le dije que sí tenía novio. A su regreso Ángel ya no era el mismo, yo tampoco. A pesar de que nos escribíamos cada 15 días, algo se había roto en esa relación y al encontrarnos nos dimos cuenta de que ya no teníamos tantas cosas en común. No obstante, ya había perdido la amistad y un posible noviazgo con una persona con la que me sentía muy bien, Juan José.

Así pasaron 17 años, yo vivía con mis gatitas Pi y Luna en un departamento de la colonia Aviación Civil, en donde ya tenía teléfono fijo. Una tarde, regresando de visitar a mis sobrinas, recibí una llamada de parte de Juan José. Después de tanto tiempo, en un principio no lo recordaba. Me preguntó si no me acordaba del muchacho del Safari, del que pasaba por mí para escuchar música en su walkman; que ya no eran un muchacho, pero que aún tenía el carro. Me contó que se encontró con unos tíos a quienes casualmente yo frecuentaba en ese entonces y les preguntó por mí. Ellos le dieron mi número telefónico y por eso me estaban llamando. Al principio no lo recordaba, ya había pasado el tiempo, pero al mencionar esos momentos de tranquilidad que pasé en su compañía lo recordé. Me dio mucho gusto recibir su llamada y quedamos de acuerdo para vernos en una siguiente ocasión.

Para entonces estaba realizando los trámites de titulación, imprimiendo y entregando tesis, etc. Quedamos de vernos en la estación del metro Chilpancingo, yo iba a llevar las tesis a la Facultad de Psicología. Me sentía nerviosa y pensaba en cómo me vería físicamente, tal vez había cambiado mucho en 17 años, también pensaba en su aspecto físico, habían pasado muchos años, tal vez no nos reconoceríamos.

Llegó el día en que nos vimos y fue una sorpresa para ambos reconocernos y no haber cambiado tanto físicamente. Creo que, a los 40, ambos, aún estábamos bien conservados. Él me dijo que pensó que ya estaba casada y con hijos, que aún vivía con su mamá, en la misma casa, pero su hermana ya se había casado con un estadounidense y vivía en Denver, Colorado. Le comenté que yo vivía sola con mis gatitas y nunca me había casado. Desde ese momento me acompañó a realizar mis trámites de la tesis y a todos lados. En ese tiempo tuve la oportunidad de adquirir, pagando a plazos, un coche Matiz, así que me podía transportar con más facilidad. Cuando lo adquirí no sabía manejar, así que Juan José se ofreció a enseñarme. Yo continuaba trabajando en el mismo Centro de Salud y en varias ocasiones él me llevaba hasta allá. Al final preferí tomar clases de manejo, pues me daba cuenta de que él se ponía muy nervioso al tratar de enseñarme.

En una ocasión fuimos a los Viveros de Coyoacán y fue cuando me pidió que fuera su novia. En ese momento sentí que estaba viviendo un sueño, no lo podía creer, era como si retrocediera el tiempo y volviera aquel lejano día en que me preguntó si tenía novio. Era como si quisiéramos recuperar algo que no pudimos vivir en el pasado. Después de unos días de pensarlo, acepté, y desde entonces comenzó a escribirse esta historia en la que llevamos 17 años, dos de novios y 15 de casados.

Reconozco que en aquel tiempo ninguno de los dos queríamos casarnos; yo ya estaba acostumbrada a vivir sola, con mis gatitas, adaptada al orden que tenía en mi casa. Él cuidaba a su mamá y no podía pensar en dejarla por ningún motivo, ella lo necesitaba. Era una persona mayor a quien él acompañaba y cuidaba después de su jornada laboral. Fue en una reunión con mis amigos psicólogos: Rosalía, Alex, Abel y Toño, que nos convencieron para casarnos. Ya habíamos ido a la boda de Rosalía con Quique y a la de Aidé y Abel; entonces seguíamos nosotros. En una reunión de amigos en la que hicieron un tipo sketch en el que Alex era el sacerdote y nos casaba. Fue algo realmente muy gracioso, sin embargo, comenzamos a tomarlo en serio.

Ellos se comprometieron a ser nuestros padrinos con tal de que decidiéramos casarnos. Fue una decisión muy difícil para ambos, llevábamos muchos años con estilos de vida diferentes. Mientras yo me había tenido que enfrentar a la adversidad desde muy joven cuando quedé huérfana, Juan José seguía siendo hijo de familia. Su papá había fallecido cuando él tenía 15 años y esa tristeza aún lo inundaba, porque al igual que en mi historia, falleció cuando más lo necesitaba. Su papá le dejó una pensión a su mamá, además de que su hermana enviaba dinero para ella desde EE.UU. Él trabajaba como ayudante en un taller de impresión y su ingreso era muy bajo. Aun así, decidimos casarnos por la iglesia católica y por el civil.

Al comunicárselo a su mamá, ella se alegró mucho, pero también se entristeció porque perdería a su hijo, es decir, ya no iba a vivir más con ella. En ese tiempo yo había pedido un préstamo hipotecario y pensaba irme a vivir a un lugar muy lejano, en el Estado de México.Le propuse a Juan José que viviéramos ahí y que visitaríamos a su mamá frecuentemente. Sin embargo, su hermana Gaby nos propuso vivir en la casa con su mamá. Pensé en mis gatitas Luna y Pi, ellos tenían dos pajaritos y su mamá temía que no se llevaran bien. Además, yo vivía sola desde hace mucho tiempo, no me acostumbraría a vivir en otra casa, con otras personas. No obstante, la Sra. Angelina, mamá de Juan José, aceptó recibirme con mis gatitas. Fue para mí algo increíble, viviría en aquel palacio que conocí hace más de 17 años.

Se llevó a cabo la boda civil nos acompañaron mis hermanas, mis sobrinas y los novios de mis sobrinas. Unos días después se realizó la boda por la iglesia, el 17 de noviembre del 2017. Juan Jo y yo nos sentimos un poco estresados con los preparativos, pero por fin llegó el día esperado. Habíamos decidido casarnos en la iglesia que estaba cerca de la casa de Ricardo, la actual pareja de mi hermana Claudia, en Jiutepec Morelos, la parroquia de San Felipe de Jesús, una iglesia muy grande, moderna, edificada sobre un cerro. En el altar había un ventanal enorme en donde se veía la ciudad. También se encontraba una cruz con la figura de Jesús crucificado. Como la misa fue a las 7 pm. las luces de la iglesia y de la ciudad le daban un toque especial. La casa de Ricardo está muy cerca, es una casa muy bonita; tiene un jardín muy grande, alberca, jacuzzi y temazcal. Allá hemos pasado momentos muy agradables en familia a lo largo de varios años. Por eso decidimos realizar la fiesta y recepción de los invitados en el jardín de la casa que muy amablemente Ricardo nos prestó.

No fue una boda como todas las que había conocido hasta entonces, no seguimos las tradiciones porque, en primer lugar, Juan José conoció mi vestido de novia antes de casarnos porque nos tomaron fotos en el jardín y el fotógrafo necesitaba luz del día. La boda fue a las 7 pm y para entonces ya no tendríamos luz natural. Después, llegamos los dos solos a la boda, en nuestro coche. No nos entregó nadie en el altar, el sacerdote que ofició la misa nos dijo que no tenía tiempo para esperar a la mamá de Juan José ni a Ricardo, quienes habíamos planeado que lo iban a hacer. Me dio mucha tristeza que el sacerdote tomara esa decisión tan arbitraria. En ese tiempo no sabía el paradero de mi papá y por eso no lo invité; después que decidimos vivir separados perdimos el contacto con él.

La ceremonia fue muy bonita. Cantaron las hermanas Clarisas y todo el ambiente era mágico con mi vestido blanco que me hacía sentir como una princesa. Estaban conmigo las personas más queridas, mi familia, la de Juan José y nuestros amigos. Gaby, vino de Denver con su esposo Bryan, además de que estuvo presente su mamá, Angelina, quien ya se encontraba enferma, pero hizo un esfuerzo por asistir. También estaban sus vecinos Lily y Roberto, mi tío Jorge y mi prima Lucy. Cada uno de los momentos de aquel día lo llevo en mi corazón. Nunca había imaginado que me iba a casar y mucho menos por la iglesia. Siempre pensé que nunca iba a suceder. Mi plan de vida era vivir sola por muchos años más en compañía de mis gatitas y seguir frecuentando a mis hermanas y sobrinas. Sin embargo, la vida me tenía reservada una sorpresa, ahora tenía un esposo y su familia, además de la mía.

Tampoco pensé que Juan José iba a regresar después de 17 años de ausencia y que él sería la persona con la que compartiría mi vida y mis sueños. Y que, además, yo sería la persona en que él confiaría todos sus temores y anhelos. La vida en pareja ha sido difícil para ambos por el estilo de vida previo, yo siendo independiente, trabajando el duelo de la pérdida y él dependiendo de alguna manera de su mamá y de su hermana. Sin embargo, es una buena persona que me respeta, no tiene adicciones al alcohol o a las drogas y nuestra formación desde la infancia y la adolescencia fue más o menos similar, así como nuestros gustos en la música. Tal vez él no era fan de Flans ni yo de los músicos de Jazz, pero hemos aprendido a escuchar y apreciar nuestros gustos, no solo en la música, sino en la comida, la convivencia con nuestros animalitos y otros aspectos de nuestra vida en común. Nuestro músico preferido es Yanni, autor de música new Age.

Al principio de nuestro matrimonio no pensábamos en tener hijos, pero con el paso del tiempo comenzamos a entusiasmarnos con la idea de tener a nuestro bebé algún día. En el pasado yo soñaba con tener un bebé. Al no tener pareja, acudí con un médico especialista en reproducción asistida y él me propuso acudir a un banco de semen, guardando siempre en secreto la identidad del padre. Consideré esta opción, pero también tenía la esperanza de tener un hijo con un hombre al que yo conociera y sobre todo que fuera mi pareja. Aún tenía la ilusión de encontrar a ese ser que pudiera ser el padre de mi hijo y de esta manera pudiéramos formar una hermosa familia.

A pesar de que ambos teníamos un poco más de 40 años de edad, soñábamos formar una familia con uno o dos hijos. Sin embargo, esto no fue posible porque los médicos concluyeron que no teníamos posibilidad, uno de los dos o de ambos teníamos problemas de fertilidad. Podríamos recurrir a la inseminación artificial pero los costos eran muy altos. Fue entonces que unas amistades nos recomendaron a un médico que nos dio esperanzas de cumplir con este sueño; nos citó en una ocasión en su consultorio y aparentemente realizó este procedimiento, pero no dio resultado pues pasaron los días y los meses y nada ocurría. El médico que nos hizo el "procedimiento" desapareció y con este, se desvaneció nuestro deseo de ser padres. La sensación de creer que en mi vientre crecería mi bebé fue muy especial, sin embargo, al darme cuenta de que eso no sería posible, mi corazón nuevamente regresó a sentir la acostumbrada tristeza y soledad. Finalmente decidimos dejar de intentar ser padres con toda la tristeza de nuestro corazón.

La vida siguió después de este intento fallido de ser padres. Al final vivir con alguien más no fue tan terrible como pensaba, tuvimos experiencias inolvidables Juan José, su mamá y yo. Íbamos juntos de paseo, a la tienda, veíamos la televisión juntos e íbamos a misa los domingos. A sus 81 años, Angelina era una persona muy delgada, de mediana estatura, con una gran sonrisa que la distinguía; siempre pulcra y arreglada, su cabello con un tinte que no permitía ver sus canas, sus uñas arregladas y con esmalte. Practicaba yoga y además tenía su grupo de amigas.

Carmen era su cuidadora y estaba con ella mientras nosotros trabajábamos y en las tardes a veces salíamos a pasear por los jardines.

En la planta baja de la casa había un jardín junto a una habitación, allí habíamos planeado que podría ser mi consultorio de psicología. Lili y Roberto eran sus vecinos, ellos vivían en el departamento que se encontraba dentro de la casa desde hace más de 30 años. Eran muy amables y nos invitaban a tomar café.

En aquel tiempo, ya habían pasado 8 meses de convivencia y ya habíamos planeado pasar el 10 de mayo juntos, ya que Gaby y Bryan llegaron de Denver. Yo sentía un gran cariño por su mamá y por toda su familia por la manera en que siempre me trataron y por considerarme parte de la familia. Angelina le hacía honor a su nombre: era un ángel con una hermosa sonrisa. Recuerdo que una tarde me dijo: "Este año no vas a pasar el 10 de mayo con tus hermanas, quiero que lo pases conmigo y con mis hijos". "Claro que sí, ese día estaré con ustedes".

Una mañana Angelina se sintió mal y Juan José la llevó al hospital. Ella padecía de una enfermedad llamada EPOC (Enfermedad Pulmonar Obstructiva Crónica). La enfermedad había empezado hace algunos años debido a su trabajo, realizaba cuadros y mesas adornados por figuras de flores, muy bonitas, a base de concha. El material era a base de polvo y se fue introduciendo gradualmente por su nariz hacia los pulmones. Tenía 81 años y tosía constantemente. El día que la llevó Juan José al hospital los médicos decidieron ingresarla debido a su situación de salud. Fue un 6 de mayo del 2018, Gaby y Bryan ya habían llegado y nos turnamos para estar con ella. Cuando la fui a visitar vi que tenía esa sonrisa que nunca perdió, me dijo que estaba bien. Más tarde, estando Gaby con ella, falleció. Nos contó que se despidieron con una gran tristeza ¡No lo podía creer, si apenas ayer estaba bien, fuimos a misa y después a comer un pan de elote que a ella le gustaba mucho!

Tuvimos que despedirnos, nos inundó una gran tristeza. Yo recibí la noticia cuando la fui a visitar al hospital y más tarde le tuve que decir a mi esposo cuando llegó a verla. Esa tarde el cielo se pintó de gris, la vida ya no era la misma, la sonrisa de Angelina se había apagado, nunca más volveríamos a verla. Regresamos a la casa llorando, al ver su recámara, con sus cosas, su ropa y con todos los recuerdos que teníamos con ella, la casa se sentía vacía. Julie, Pi y Luna la buscaban con su mirada, sin embargo, Angelina ya no regresó.

El 10 de mayo llegó, pero ella ya se había ido. Ahora nos unía algo más a mi esposo y a mí: el dolor de no tener a nuestra madre junto a nosotros. ¿Por qué se tenía que ir Angelina? Ya habíamos hecho planes juntos, con Gaby y Bryan. ¿Por qué nos dejó si ya habíamos formado una linda familia con ella? Aún no me sentía lista para enfrentar un dolor tan grande como el de la muerte de la madre de mi esposo. Me recordaba tanto la muerte de mi madre y, muchas veces, me sorprendí llorando por ambas. No tenía palabras de consuelo para Juan José, mi alma y mi corazón también lloraban. Solo podía abrazarlo y decirle que lo entendía, que ahora tendríamos a nuestras mamás cuidándonos desde el cielo.

Se desvanece el sueño en el palacio de Nebraska

Después del fallecimiento de Angelina, Gaby decidió vender la casa. Nos tuvimos que salir de ahí, una familia la compró. También tuvieron que salir los vecinos Lili y Roberto. Para todos era muy difícil tener que irnos, pero creo que sin Angelina ya no tenía caso seguir viviendo allí. Su ausencia se sentía en cada rincón de la casa. Juan Jo encontró un departamento de la Colonia Álamos, en el cual vivimos actualmente. Es un edificio construido sobre una avenida. Quizá no es tan grande como aquella casa, pero vivimos tranquilos, a pesar del ruido de los camiones y del Metrobús. En nuestro nuevo hogar encontramos a aquellos animalitos que ahora forman parte de nuestra familia. Hemos rescatado a siete gatitos y una perrita a la que rescató mi hermana Claudia. Tal vez no sea lo mismo que tener hijos, pero ellos nos aman, nos muestran su agradecimiento y cada uno tiene un lugar muy importante en nuestra vida.

Con el pretexto de ir a la estética de la que ya era cliente, de vez en cuando pasaba por la casa para recordar las vivencias en aquel bello lugar. Un día me di cuenta de que la casa ya no existía más, la estaban derrumbando, con ella también se derrumbó mi vida. Sin querer regresaron a mí, aquellos recuerdos del derrumbe de mi casa. Ahora se desvanecía aquel palacio, con sus hermosos jardines y sus habitaciones donde pasamos momentos tan felices. La casa que con tanto cariño planeó y edificó el papá de Juan José ya no existía más. En esa casa también quedaron recuerdos de su niñez, de sus juegos, de los momentos felices con su familia y con sus vecinos. Sé que él no ha querido regresar, le dolió tanto saber que su casa ya no existía. En el terreno construyeron unos edificios de lujo que no tienen nada que ver con aquella hermosa casa. Es curioso que sucediera algo similar con nuestros hogares. Ambos fueron derrumbados en diferentes contextos y circunstancias. Nos ha dolido tanto que evitamos pasar por ahí, porque aún quedan muchos recuerdos de aquellos tiempos. En mi edificio murieron personas con sueños y esperanzas, en el de Juan Jo murieron ilusiones, recuerdos de su papá planeado el futuro hogar para su familia, preparando el desayuno para ellos todos los fines de semana, todos los recuerdos de la enfermedad de su padre, de su fallecimiento, de la falta que le hizo a él, a Gaby y a su mamá. Los recuerdos de su mamá sacando adelante a sus dos hijos, los deliciosos platillos preparados en la cocina. En fin, en ambos lugares están edificados inmuebles que, al parecer, han enterrado todos esos recuerdos, pero no es así. A nuestros seres queridos que ya no están con nosotros, todo aquello que vivimos con ellos, lo llevamos muy dentro de nuestro ser, de nuestro corazón y no lo olvidaremos jamás.

Con este acontecimiento se cierra otro capítulo en nuestra vida. Ha sido difícil comenzar otro, pero ambos nos hemos acercado a Dios, en quien hemos encontrado un gran apoyo. Nos unimos a una iglesia cristiana en donde hemos encontrado personas que, al igual que nosotros, también han sufrido. Sin embargo, hemos encontrado en la presencia de Dios un gran consuelo y sabemos que a lo largo de todo este proceso él no nos ha abandonado. En los momentos más difíciles de nuestra vida, él ha estado presente para recargar nuestra cabeza sobre su regazo. Creo que ese es el sentido de la vida del que habla Viktor Frankl.

Capítulo 8

ENTRE PLANTAR Y COSECHAR EXISTE UN REGAR Y ESPERAR

Después de haber sobrevivido a un evento traumático, la vida se vuelve complicada, cada día hay que esforzarse un poco más, el recuerdo y los sentimientos de tristeza están presentes siempre. El proceso de psicoterapia que he llevado durante estos años me ha ayudado mucho. En psicoterapia comencé a trabajar en mis emociones mediante las estrategias de afrontamiento, el objetivo es que la persona logre sobreponerse al impacto de una situación traumática y aprender a tener una calidad de vida adecuada a pesar de lo ocurrido.

Cuando una persona experimenta un acontecimiento traumático, la adrenalina recorre el cuerpo y el recuerdo queda impreso en la amígdala, que forma parte del sistema límbico. La amígdala guarda el significado emocional del suceso, incluyendo la intensidad y el impulso de la emoción. Es por este motivo que es difícil olvidar lo sucedido. Cuando ocurre un acontecimiento igual o parecido al que sucedió, se activa nuevamente, es decir, cuando tiembla o suena la alerta sísmica, en mi caso, se activa en mi cuerpo lo que viví. Es decir, siento el movimiento y temo que nuevamente se comiencen a romper las paredes y vidrios del edificio. Temo también por mi familia, por mis gatitos.

Durante tres décadas he trabajado en un ambiente laboral complicado, por un tiempo las autoridades reconocían el empeño y la disposición con que se realizaba el trabajo de cada persona, desde hace algunos años ha cambiado el ambiente laboral. Las personas hemos pasado a convertirnos en números y en productividad. Nos mueven como fichas de ajedrez sin considerar nuestra vida personal o la trayectoria que tenemos. Alguna vez una compañera me preguntó cómo es que he logrado sobrevivir en este ambiente laboral. La respuesta es que he sido fiel a mis principios y valores, a pesar de ver que muchos compañeros no lo hacen. Agradezco a Dios haber llegado a los servicios de Salud Pública en el momento adecuado, sin recomendaciones ni padrinos ni de otorgar dinero para obtener una plaza. Fue en el momento preciso en que se solicitaba personal de Trabajo Social. Obtuve mi profesionalización gracias a que estudié licenciatura en la UNAM. Fui de las primeras profesionales en esta área que obtuvo esa oportunidad de ascender a un nuevo código. Ha sido difícil el haber obtenido lo que hoy tengo a lo largo de mi vida laboral por todos los obstáculos que he encontrado en el camino. Sin embargo, no todo ha sido negativo, he encontrado buenas personas que han sido mis jefes en algún momento, que se han dado cuenta de que, además de ser una empleada y ser un recurso, también soy un ser humano.

Una vez que terminé de estudiar Psicología, tuve que tocar muchas puertas para desempeñar funciones de psicóloga clínica. En una ocasión un director me dijo que prefería tener una trabajadora social porque le daba más productividad que una psicóloga. En otra ocasión cuando solicité ser tomada en cuenta para una plaza vacante, una directora jurisdiccional me dijo que esperara a que se jubilara o se muriera algún psicólogo. Todas estas respuestas me hacían sentir mal y desmotivada, pero continué mi labor como trabajadora social sin perder la esperanza de que algún día llegaría a desempeñar funciones de psicóloga. Cuando dejé de trabajar en el centro de salud Dr. José Ma. Rodríguez, se me rompió el corazón, abandonaría un lugar en donde tenía tantos recuerdos, pero era necesario retirarme por un tiempo; la energía que existía en el área de trabajo social se había tornado muy tensa. Una compañera y yo hicimos intercambio, yo me fui a trabajar a la Clínica de Especialidades No. 2 y ella cubriría mi lugar en el Centro de Salud. Al llegar a la Clínica de especialidades también me encontré con circunstancias difíciles dentro de mi grupo de trabajo. Las compañeras se negaban a que yo llegara a cambiar su forma de trabajo. Yo estaba acostumbrada a trabajar activamente, mientras que ellas solo esperaban indicaciones con los brazos cruzados en el escritorio "haciendo antigüedad".

Este grupo estaba conformado por cuatro trabajadoras sociales que ya tenían más antigüedad que yo en los Servicios de Salud Pública. Ellas sabían lo que me había sucedido en el sismo, pues ya era un asunto que conocían la mayoría de mis compañeros y nunca pensé que usaran esto para ejercer violencia laboral en mi contra. La primera vez que se molestaron conmigo fue cuando me otorgaron mi código de Profesional en Trabajo Social. Esta fue una iniciativa de los Servicios de Salud, que reconocía a quienes habíamos estudiado una licenciatura en trabajo social y enfermería. Este nuevo código implicaba un aumento en el salario y en las prestaciones. En el pasado, otras compañeras comentaban que no tenía caso haber estudiado una licenciatura si nos pagaban igual a todas, técnicas o licenciadas.

Al saber sobre el aumento en el salario y prestaciones, mis compañeras de la clínica me decían que yo sería la responsable o jefe del servicio, pero tendría que hacer lo que ellas me dijeran. Ellas platicaban con orgullo que habían corrido a otras compañeras y que lo podían hacer conmigo. Además, decían que todas íbamos a envejecer en ese lugar. Dentro de mi ser, no podía creer que esto fuera cierto, era increíble que existieran personas con este tipo de pensamiento. Ellas me ofendían, minimizaban todo lo que me había ocurrido en el pasado, se burlaban, y en ocasiones se encerraban y hablaban en un volumen de voz muy bajo en la oficina de la jefa. Al salir, todas me miraban con desprecio. Nunca entendí cuál fue el motivo o situación que les causó tanta molestia.

En aquellos tiempos llegó el Dr. Joel de la Fuente como coordinador médico y se dio cuenta de la situación que había en mi grupo, no podía disimular mi tristeza y desánimo ante la actitud de mis compañeras. Le platicaba lo que estaba pasando, ya había logrado confiar en él dentro de ese ambiente tan estresante. Después del profesor Arias, no había encontrado otra persona que me escuchara y me ayudara desinteresadamente. El doctor era una persona muy querida en el equipo de trabajo social y ellas también se molestaban porque yo platicaba con él. En una ocasión el doctor nos comentó que se iba de la clínica, había obtenido un cargo como director en el Centro de Salud "Dr. Domingo Orvañanos". En ese momento sentí una gran tristeza y, en una ocasión en la que mis compañeras no estaban presentes, me atreví a pedirle al doctor que me llevara con él. Nunca pensé que le pediría a alguien algo así, pero mi desesperación era muy grande. No podía quedarme en ese lugar que se había convertido en una pesadilla.

La directora de la clínica me sacó temporalmente de la oficina de trabajo social, pues en una ocasión tuve una especie de crisis de llanto y ansiedad como resultado de una plática con la responsable del servicio de trabajo social. Ella se molestó porque expresé todo lo que sentía al trabajar en un ambiente tan hostil. Nuevamente descalificó mi sentir, decía que me hacía la víctima. Como consecuencia de esto, la directora de la clínica decidió que yo saliera de esa oficina y me envió a trabajar con un equipo de compañeros de nuevo ingreso que iniciaron con visitas domiciliarias a personas que no podían acudir a la clínica por su delicado estado de salud. Eran los inicios del programa que hoy se llama: "Salud en tu casa". Es un equipo formado por un médico, enfermera y trabajador social. Recientemente se integró un psicólogo y un nutricionista.

Como era de esperar, las trabajadoras sociales expresaron su inconformidad porque me encontraba desempeñando funciones que no me correspondía y reclamaban "su recurso", como me llamaban de manera despectiva. Yo aún no estaba preparada emocionalmente para regresar y le rogaba a Dios que me ayudara. Acudí a la oficina de Derechos Humanos en donde levanté una denuncia por acoso y violencia laboral. Se solicitó a la directora de la unidad que corrigiera esa actitud de mis compañeras hacia mí o que me cambiaran a otra clínica.

En una ocasión recibí una llamada que fue como un regalo del cielo, era el doctor de la Fuente quien me pedía que me fuera a trabajar a su Centro de Salud, necesitaba una Trabajadora Social y, como se había dado cuenta de que no me querían en la clínica donde estaba, él me necesitaba en su equipo de trabajo. Me comentó que en su centro había tres compañeras trabajadoras sociales con las que ya había hablado sobre mí, que ellas eran muy diferentes, amables y profesionales. Gracias a Dios, la situación y al Dr. de la Fuente se logró realizar este cambio y pude trabajar en su equipo. Mis compañeras me recibieron con mucha amabilidad y, después de mucho tiempo, pude trabajar tranquilamente y sin temor a ser agredida. En ese lugar encontré la paz que no había tenido en mucho tiempo. Aprecio mucho a mis compañeras Dayana y Deyanira, con quienes hasta la fecha tengo una amistad en la que existe mucho cariño. Ellas y el doctor han sido ángeles que Dios ha enviado a mi vida.

En los años de 1990 a 2012 la psicología aún no tenía la importancia que tiene actualmente, solo había un psicólogo por cada tres centros de salud o clínicas. En una ocasión, trabajando en el Centro de Salud "Domingo Orvañanos", el director me comentó que en los Servicios de Salud estaban iniciando un proyecto para adolescentes en otra unidad de salud. Habían contratado algunos psicólogos, pero requerían otros más. A pesar de que él requería de mi trabajo en su unidad, me sugirió acudir con el director jurisdiccional. Le agradecí su generosidad, él perdería una persona de su equipo de trabajo, (un recurso), pero también pensó en que allá podría desempeñarme como psicóloga.

El director jurisdiccional, era un hombre muy humano y sensible, semejante a mi director. Me entrevistó y me envió a ese nuevo proyecto llamado "Espacio Interactivo en Salud para Jóvenes". En este lugar realicé un trabajo diferente, innovador, dirigido a los adolescentes y jóvenes. Agradecí al Dr. de la Fuente y al director jurisdiccional el haber confiado en mí para este proyecto. Había varias salas interactivas, en las que se encontraba material didáctico para trabajar con los jóvenes en las paredes y techos. Estos materiales los hacíamos nosotros mismos. Las salas tenían nombres muy originales, como la Sala de la Sexualidad: "XXXY"; o la sala en la que les enseñaban temas como medir la presión arterial, latidos del corazón y otros temas de salud, llamada "CHKT" y la sala en la que se trataban temas como la bulimia, anorexia y otros trastornos de alimentación se llamaba "Aliviana tu mente".

La directora del Espacio Interactivo me asignó la sala XXXY, la que trataba temas de sexualidad, infecciones de transmisión sexual, condón masculino y femenino, diversidad sexual, etc. Los adolescentes llegaban y nosotros éramos los anfitriones que los invitábamos a jugar y a participar en las diferentes actividades. Participábamos en ferias de salud, escuelas, etc. Creo que fue una de las etapas más divertidas y en la que aprendí mucho. Además, mis compañeros eran jóvenes y recién habían ingresado a los Servicios de Salud.

De aquella etapa de mi vida puedo decir que encontré verdaderas amigas con las que reía y me divertía. Elizabeth Gasca es una de esas amigas en la que pude confiar, llorar y reír sin temor a ser juzgada o agredida como en el pasado. Me di cuenta de que yo también era una persona que podía crear, proponer y aprender cosas nuevas. El Espacio Interactivo en Salud para jóvenes tuvo su época de auge en el que acudieron muchos jóvenes, adolescentes, maestros y compañeros de trabajo. Se inauguró en un ambiente de fiesta y en el que acudió el jefe de Gobierno, que en ese tiempo era Marcelo Ebrard, así como el secretario de Salud, el Dr. Ahued. Fueron tiempos muy hermosos que recordaré por siempre, dos años en los que me sentí diferente, podría decir que me sentía feliz, como en mucho tiempo no lo había estado.

Así como comenzó este sueño y los días de bonanza del Espacio Interactivo, así fue decayendo. Ya no era visitado por tantos jóvenes y mis compañeros comenzaron a irse a otras unidades de salud, para muchos fue como una especie de trampolín para trabajar en otras clínicas y centros de salud. Fue en el año 2012 cuando las actividades dieron un giro y con los compañeros que quedamos nos asignaron otras tareas que no tenían nada que ver con las que realizábamos dirigidas a los jóvenes. Fue en ese tiempo en el que regresé al Centro de Salud Dr. Domingo Orvañanos.

Aún se encontraba el Dr. de la Fuente como director y me asignó trabajar como psicóloga en uno de los consultorios. Era la primera vez que me desempeñaría en esta profesión en un consultorio frente a un paciente. Por fin había llegado el momento que tanto soñé. Si el espacio interactivo fue un sueño, en esta ocasión, se cumplía otro que había acariciado por mucho tiempo. Nunca perdí la esperanza de atender como psicóloga a aquella persona que llegaba con tristeza, con un duelo sin resolver y que pedía el apoyo de un profesional. Por fin podría aplicar los conocimientos que adquirí en la universidad y en la clínica

Florida, además, ejercer como profesional en trabajo social.

Pero el sueño no terminaba allí, después las autoridades me asignaron trabajar en el lugar que tanto cariño le tenía: el centro de salud Dr. José María Rodríguez. Aquel centro de salud donde llegué unos años atrás y en el que me desempeñé como trabajadora social por primera vez. Después de haber recorrido otros centros de trabajo, regresaba a aquel lugar con su jardín, sus ardillas, árboles y plantas, pájaros, mariposas y nunca faltaba un gatito a quien alimentar.

Aquí también me asignaron un consultorio. Reencontré a mis compañeras de trabajo social y a mi ex jefa. Fue increíble regresar después de varios años, pero con otra función laboral. Muchos de mis compañeros se sorprendieron al verme regresar como psicóloga. Algunos me felicitaron por haber logrado mi objetivo, ellos sabían que me iba a la universidad después de cumplir con mi horario de trabajo. Yo también me sentía feliz de haber regresado a ese bello lugar. Poco a poco fui adquiriendo experiencia dentro de esta profesión. Mis compañeros médicos me enviaban pacientes, por ejemplo, el Dr. Toledo, un buen amigo con mucha experiencia y al que buscaban muchos pacientes. Él siempre acudía a cursos y me decía que nunca se termina de estudiar, que siempre es importante estar actualizado, pues cada día nos impone un reto, nuevos problemas, y con el surgimiento de la tecnología, con el aumento de la violencia, los profesionistas debemos estar cada día más preparados para poder ayudar a las personas a reencontrar su camino.

Muchas veces encontré entre los pacientes, jóvenes que se sentían tristes o deprimidos. Recordé entonces las palabras de mi psicóloga Claudia Ramírez: "No te avergüences de estar internada ahora en una clínica de salud mental, pues has tenido una oportunidad que no todos los psicólogos han tenido: sufrir los síntomas de depresión en su nivel más severo, convivir con las personas internadas, escucharlos, no como estudiante, sino como compañera; llorar y cantar con ellos". Así fue, tal y como ella me lo dijo. Por esta razón, no me avergüenzo de haber estado en una clínica de salud mental, realmente siento una gran empatía por cada persona que acude a mí para recibir ayuda profesional. Veo en cada uno de los pacientes a quienes fueron mis compañeros de cuarto y de juegos en la clínica Florida. Me siento más comprometida con las personas, conmigo misma, porque siempre quise ser como mi psicóloga Claudia Ramírez y otros psicólogos que encontré en mi camino y que me ayudaron tanto. Ahora me toca estar del lado del profesional que escucha, que acompaña y que da herramientas para que las personas sientan un poco de alivio a su dolor y sientan que alguien las escucha. Igualmente, a los niños, adolescentes y familias que llegan solicitando apoyo.

Se que aún falta mucho camino por recorrer, que debo continuar con mi terapia personal, que debo atender la salud de mi cuerpo y de mi mente. Recordar que, si sobreviví, fue porque tenía una misión muy importante, mi abuelita siempre me lo dijo. Dentro de mí hay un gran deseo de ayudar a los demás, no solo seres humanos, sino animalitos. He rescatado gatitos sin hogar, les he encontrado adoptantes y también me quedé con algunos de ellos. Me siento identificada con el dolor.

Alguna vez estudié un diplomado en el Instituto Politécnico Nacional llamado "Reingeniería Humana" en el que nos decían que todos los seres humanos tenemos la oportunidad de reinventarnos o rediseñarnos. Es un proceso a través del cual una persona puede aprender de las experiencias difíciles que ha tenido a lo largo de su vida y darles un significado diferente al del sufrimiento. Su personalidad, conocimientos y actitudes son para su beneficio y para el de otras personas. Este tema está relacionado con la resiliencia, ese proceso de adaptarse a la adversidad, a un trauma, amenaza o tragedia.

Aun extraño a mi mamá, a mi hermano y a mi abuelita. Siempre me han hecho falta en todas las etapas de mi vida. De cada uno me llevo un tesoro que enriquece mi alma, un aprendizaje que me ha acompañado durante toda mi vida. Me quedo con el cariño de mi hermano, con las letras de las canciones que traducía del inglés al español, con la música que le gustaba, con sus historietas llamadas "Dibu Bimbo" en la que muchas veces mi familia y yo éramos los personajes principales. Él era un excelente dibujante, iniciaba con el género de los cómics. También me quedo con su poesía, con sus grandes ojos, con su compañía y con los recuerdos hermosos de nuestra niñez.

Mi mamá era una mujer tan trabajadora, tan entregada a sus hijos. Siempre la recordaré como una madre amorosa, a quien también le gustaba ayudar a los demás. Ella trabajaba mucho para que nosotros tuviéramos lo mejor. Extrañé mucho su presencia durante mi niñez y mi adolescencia, pero sé que estaba trabajando. Recuerdo que una noche la escuché llorar y le pregunté qué le había sucedido, ella me dijo que no tenía nada y me pidió con voz amorosa que me fuera a dormir, que me quería mucho. Sabía que sufría por algo, su vida tampoco había sido fácil, trabajó desde muy joven para ayudar a mi abuelita, a quien mi abuelo abandonó. Tal vez nunca encontró el amor de su vida en una pareja probablemente esa era la causa de su tristeza. Sin embargo, ella recibió el amor más puro, el más importante: el de nosotros, sus hijos. Además, ella me puso su nombre y lo llevo con gran orgullo. Me quedo con su gran amor de madre y con el recuerdo de sus ojos, de aquellos ojos verdes que nunca olvidaré, como dice la estrofa de la canción "Aquellos ojos verdes" de Nilo Menéndez.

Mi abuelita, una mujer muy fuerte y que también sufrió tanto. Tampoco encontró el amor en una pareja, pero se entregó por completo al amor de sus hijos y eligió quedarse con nosotros, sus nietos, para cuidarnos y darnos de comer, mientras mi mamá trabajaba. Recuerdo las historias de su juventud, las leyendas y todo lo que nos contaba. Ella también trabajaba mucho en las labores del hogar, sin embargo, nos dio todo su amor, el cual siempre llevaré en mi corazón. En los últimos momentos de su vida, la tomé de su mano, pero ella me soltó. Ahora sé por qué lo hizo, en su gran sabiduría, en los últimos segundos de aliento, ella sabía que yo debería quedarme para cumplir con mi misión. Esa misión de la que siempre me hablaba y en aquél entonces no entendía de que se trataba.

Los tres son seres de luz, ángeles que siempre han guiado mi camino, el de mis hermanas y mis sobrinas. La familia ha crecido y han llegado tres bellos sobrinos nietos y dos sobrinas, cada uno de ellos tiene algo en su mirada, en su carácter, que nos recuerda que aún existen, que su recuerdo ha trascendido. Los más pequeños de la familia saben que alguna vez ellos existieron y nos dejaron un legado de amor y de unión. Sé que, donde quiera que estén, se sentirán orgullosos de nosotros.

Capítulo 9.

TREINTA AÑOS DESPUÉS... EL REENCUENTRO

Corría el mes de julio del año 2015 cuando encontré en internet una convocatoria. La biblioteca Vasconcelos, ubicada en la Ciudad de México, planeaba conmemorar los 30 años del sismo de 1985 como una manera de honrar a quienes fallecieron y escuchar las experiencias de los que habíamos sobrevivido. Se trataba de un evento llamado "Biblioteca Humana". "Todos tienen una historia que contar; las personas se convierten en libros y entablan un diálogo con sus lectores. El sismo cambió la vida de miles de personas, algunas vendrán a la Vasconcelos a compartir sus experiencias", se leía en la convocatoria.

Dentro de mí sentía una extraña emoción. Por una parte, deseaba que aquellos recuerdos se quedaran ahí, muy dentro de mí, ya había sufrido mucho como consecuencia de esto, además no deseaba que los demás se enteraran, pues recordé las experiencias negativas que tuve con varios de mis compañeros de trabajo. Muchas personas me juzgarían igual que ellos, su interés no estaría en mi persona, sino en la experiencia en sí. Una de mis hermanas me comentó en una ocasión que ellos, mis seres queridos, no eran parte de la estadística, y que no debía contar mi experiencia pues muchos se acercarían solo por morbo.

Todas aquellas ideas vinieron a mi mente, sin embargo, también recordé las palabras de mi psicóloga y las de aquellas personas que no me juzgaron, sino que me exhortaban a compartir esta experiencia con el objetivo de ayudar a otras personas, especialmente a quienes tuvieron alguna experiencia similar. Además, aportaría herramientas y experiencias como psicóloga, no solo era contar una historia por contarla, como una estadística, sino que tendría un contexto, un objetivo. También sería otra forma de sanar al escuchar a los demás sobrevivientes. En esta ocasión le daría un nuevo significado a la experiencia.

Finalmente decidí escribir a la Vasconcelos compartiendo brevemente parte de mi experiencia. Ellos me respondieron favorablemente:

Mi nombre es Adrián Galindo, soy de la Biblioteca Vasconcelos, hemos leído tu historia y nos pareció interesante y nos gustaría que participes con nosotros en la Biblioteca Humana. La actividad se desarrollará el domingo 20 de septiembre a medio día, aunque aquellos que sean libros, como en tu caso, se les pide que lleguen a las 11:15, y concluirá a las 15:30 horas.

El 4 de septiembre me enviaron por correo la portada de mi libro y la invitación al evento, las cuales incluiré en los anexos de este libro.

BIBLIOTECA HUMANA
EN LA BIBLIOTECA VASCONCELOS

No. 4

Domingo 20 de septiempre, 2015 — **12 a 15 horas**

1985:
TREINTA ONDAS OSCILATORIAS DESPUÉS

La ciudad de México tiene muchas historias que contar, pero pocas tan estrujantes, como la de 1985. En esta ocasión los ciudadanos darán distintas voces y matices a esa historia. En una Biblioteca Humana todos tienen una historia que contar, las personas se convierten en libros y entablan un diálogo con sus lectores. El sismo cambió la vida de miles de personas, algunas vendrán a la Vasconcelos a compartir sus experiencias.

Fotografía: Biblioteca Humana "Paternidades", 2015.

>> Nacer dos veces
POR JAZMÍN ARIAS AGUILERA

Jazmín nació la tarde del 18 de septiembre de 1985, vio la luz por primera vez; pocas horas después su mundo colapsaría...

>> Aduana Tlatelolco
POR HÉCTOR "EL CHINO" MÉNDEZ

"la primera vez que participé en el rescate de dos mujeres fue en Tlatelolco y yo tenía mucho miedo...

>> La memoria de los ojos
POR: LULA

Sólo bastaba enfilar los pies hacia las calles para contemplar la devastación. Los ojos trataban de recordar cómo era la ciudad hasta antes de las 7:19 am. Lula caminó hacia los Multifamiliares Juárez, observó el rescate de un señor de 75 años...

VIVE LA EXPERIENCIA DE UN CÍRCULO VIRTUOSO ENTRE LA ORALIDAD, LA ESCRITURA Y LA LECTURA.

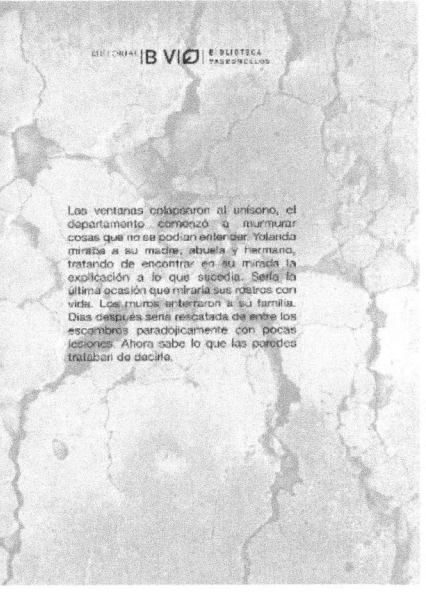

El día del evento:
1985: treinta ondas oscilatorias después

Ese día me acompañó Juan José, estábamos muy emocionados. La biblioteca Vasconcelos es un lugar muy especial; tiene una arquitectura sustentable, rodeada de hermosos y grandes jardines. Fue inaugurada en el año 2006 y reinaugurada (por fallas estructurales) en el 2008, teniendo la finalidad de ser la institución modelo de servicios bibliotecarios y culturales, así como de operaciones tecnológicas de la Red Nacional de Bibliotecas Públicas. Entre los objetivos de la organización están: servir de espacio físico y virtual de consulta, lectura e investigación, proporcionar servicios bibliotecarios y culturales a la zona norte de la Ciudad de México y apoyar el funcionamiento de otras bibliotecas públicas a través de un Centro Tecnológico de Servicios. El jardín es un espacio donde es viable caminar entre muchas especies endémicas de México y árboles frutales de duraznos, guayabas o granadas, además de hierbas aromáticas, de donde resaltan las flores y los aromas de la lavanda y de flor de naranjo. Es una biblioteca pública viva. Este espacio cultural ofrece al ciudadano la oportunidad de experimentar la lectura en contacto directo con el jardín, lo que aúna la vivencia intelectual con la sensorial. Se pretende lograr un acercamiento eficaz a la cultura y a la naturaleza y establecer una galería de arte y esculturas dispuestas en diversos sitios del jardín.[6]

En la sala principal se encontraban colgadas las portadas de los participantes al evento. Recordemos que nosotros seríamos los libros. El público asistente observaría cada portada y elegiría la de su interés. Entonces sería acompañado por el personal asignado de la biblioteca para ser llevado con la persona que compartiría su historia. De esta manera nos convertimos en libros humanos. En la sala se encontraban los organizadores quienes nos saludaron con afecto y nos explicaron la dinámica del evento. Poco a poco llegaban los sobrevivientes a quienes deseaba conocer; me interesaba escuchar sus historias, conocer su proceso personal, y expresarles mi admiración.

En un momento, antes de que nos llevaran a nuestro lugar asignado en el jardín, me encontraba platicando con una persona contándole que yo vivía en la colonia San-

---
6 | Disponible en: https://mexicocity.cdmx.gob.mx/venues/vasconcelos-library/?lang=es

ta María la Ribera en aquellos tiempos. En ese momento, llegó un hombre joven, de aproximadamente 46 años de edad, quien interrumpió la conversación. "¿Tú vivías en ese edificio? Yo estuve ahí ayudando a sacar personas de los escombros. Yo también soy parte de los sobrevivientes, me interesa contar mi experiencia, cómo es que pude colaborar", expresó con emoción. En ese momento rompió en llanto y me dijo: "Me llamo José Luis; es posible que yo te haya ayudado a salir, junto con otros vecinos sacamos a mucha gente, perritos y gatitos de los escombros. Algunos vivos, y a otros ya sin vida, lamentablemente. Fue un día de mucho dolor, de mucha tristeza para los mexicanos. Sin embargo, me siento contento de haber puesto mi granito de arena para ayudar a los demás ese día", continuó con lágrimas en sus ojos. "¿Puedo abrazarte? ¡Me da mucho gusto que hayas sobrevivido, de verdad! "Claro que sí, te agradezco con todo mi corazón que hayas ido a apoyar. No sé si tú fuiste quien me sacó, porque no pude ver, me metieron rápidamente a la ambulancia. Tal vez ayudaste a sacar a mis seres queridos o a mis vecinos. ¡Muchas gracias!" Le respondí con mucha emoción y también con lágrimas en mis ojos. Por primera vez conocí a una persona valiente, empática, que decidió dedicar su tiempo y también exponer su propia vida al tratar de salvar las de otros. Me contó que, en aquel entonces, era un adolescente de 16 años que vivía cerca del edificio, que durante el movimiento telúrico escuchó un estruendo muy grande, como si hubiera explotado una bomba. Después vio mucha tierra en el lugar donde se encontraba mi edificio y se le ocurrió ir hacia allá. "Una vez que vi que mi familia estaba bien, le dije a mi mamá que al rato regresaba, que iba a ver qué había pasado. Una vez ahí, lloré al ver que se había derrumbado un edificio con muchas personas dentro. Había varios vecinos ayudando a sacar a las personas y pues yo me sumé. Les dije que les ayudaba y aceptaron. Poco a poco fue llegando más gente; todos éramos civiles, no vi un soldado o algún militar. Fue muy triste encontrar niños, bebés, animalitos sin vida". Continuó relatando hasta que una voz nos interrumpió, era Adrián Galindo, uno de los organizadores, quien les pidió a sus colaboradores que nos llevaran a nuestro lugar asignado en el jardín de la biblioteca.

Cada uno de los participantes nos encontrábamos sentados, separados por algunos metros de distancia. Me di cuenta de que estaba cerca de mí una de las chicas que sobrevivieron en el Centro Médico y quien en ese momento tenía 30 años. A ella y a todos los recién nacidos que rescataron ese día les llaman "Niños milagro". La mayoría de estos niños fueron criados por sus familiares cercanos, pues sus madres fallecieron en el sismo. Ella nos comentó que nació un día antes del sismo, se encontraba cerca de su madre quien desafortunadamente falleció cuando el edificio colapsó. "No me acuerdo de nada. Así que les contaré lo que mi familia me ha dicho. Solo puedo comentarles que el haber sido sobreviviente me ha dejado una gran lección y un significado especial: si en ese entonces pude salir de los escombros, siendo una recién nacida, entonces, también puedo salir de los problemas que tengo ahora que soy adulta", comentó, con gran emoción. En ese momento pude identificarme con ella, la enseñanza que nos dejó este suceso a ambas era similar: el ser sobrevivientes tenía un significado especial.

En ese momento supe que un suceso difícil en nuestras vidas se puede resignificar, es decir, otorgar un sentido diferente a lo sucedido en el pasado a partir de una nueva comprensión en el presente. Me di cuenta de lo importante que es evitar victimizarse ante una situación y justificar un comportamiento negativo o perjudicial por lo que nos sucedió en el pasado.

Cuando me encontraba sentada en mi lugar, observé que llegaron varios grupos de personas que habían acudido al evento. Entre ellos se encontraban mi sobrina Claudia y su novio Julián; también mi tía Rebeca quien se acercó a mí y me aclaró algunas cosas que desconocía. Ella me dijo que el lugar donde yo estuve atrapada no se encontraba en una posición muy profunda. Probablemente por esa razón, me escucharon cuando pedí ayuda.

Posteriormente nos llamaron a todos los autores a la sala principal en donde se encontraban los organizadores y el público. En ese momento uno de los llamados "Topos" tomó la palabra y contó su experiencia en el rescate de las personas. Los Topos son socorristas conformados en organizaciones benéficas de búsqueda y rescate que surgieron a partir del año 1985. Están integrados por voluntarios que son capacitados para acudir en la atención de desastres naturales de carácter nacional e internacional.

También tomó la palabra José Luis, quien dijo: "Este evento ha sido muy importante para mí pues, además de contar mi historia, encontré a una persona a la que probablemente rescaté. No sé si fui yo, o alguno de mis compañeros, pero lo importante es que ella está aquí y se llama Yolanda Oralia". En ese momento me tomó de la mano y me abrazó. No pude evitar llorar, pero al mismo tiempo me sentía cohibida ante la presencia de tanta gente como espectadora. Observé a mi esposo, a mi sobrina y a Julián, vi que también se encontraban muy conmovidos. Muchas de estas personas expresaron su sentir agradeciendo la valentía de los Topos y de tantas personas que expusieron su vida para rescatar a quienes se encontraban atrapados. Externaron su respeto hacia las personas que habíamos contado nuestras experiencias y comentaron que estas historias tenían que ser contadas para inspirar a otros. Nuevamente sentí el apoyo, pero en esta ocasión, de parte de personas desconocidas, quienes tal vez por curiosidad, por interés o por otros motivos, fueron al evento de la Biblioteca Humana en la Biblioteca Vasconcelos.

En una mesita había unas pequeñas libretas donde los asistentes podían escribir algunas palabras a quienes habían sido sus autores favoritos. Aún tengo mi libreta en la que escribieron palabras de ánimo, admiración y respeto. Incluí textualmente algunos de estos comentarios:

Supongo que los ángeles están siempre a nuestro lado. Siento que puedes y seguirás ayudando a muchas personas. Seguirás tu vida y honrarás a quienes perdiste. Entonces el dolor tendrá un significado.

Ana Belém

Lamento mucho lo que te sucedió. Vivo en Santa María la Ribera y tu historia la siento muy cercana. Agradezco haberte conocido. Me imagino que una de tus misiones es transmitir tu vivencia en la gente para despertar la solidaridad. Volviste a nacer para darle sentido a muchas cosas. Gracias por haberme vibrado; nunca lo voy a olvidar.

Francisco Nieto

¿Por qué escribir una historia como esta?

Los comentarios de los asistentes al evento de la Biblioteca Humana me hicieron reflexionar sobre el significado que tiene relatar este suceso a los demás. De esta manera daría un nuevo significado a lo sucedido. Puedo contar mi historia sin temor o vergüenza, tal vez en el pasado lo hice por sentirme escuchada, comprendida. Actualmente lo hago con la finalidad de sanar, de despertar la solidaridad e inspirar a quienes han pasado por una experiencia similar.

En nuestra sociedad ha sido de gran importancia el hecho de transmitir a los demás el respeto a la dignidad humana. Ha sido un proceso difícil, en el camino han existido humillaciones, descalificaciones a personas que tuvieron una experiencia como la mía o diferente, es decir, a las mujeres abusadas sexualmente, a las indígenas, a las madres solteras, a las personas con capacidades diferentes, etc. Es importante educar a los niños sobre la dignidad humana, sobre el valor que tienen las personas por el simple hecho de existir. Hay respeto a la dignidad cuando valoramos por igual a las personas creando las condiciones para que estas satisfagan sus necesidades básicas y se desarrollen plenamente como seres humanos. De otra manera, no podremos evolucionar como sociedad y como un país en el que se ponderan los derechos de los demás sobre los más vulnerables.

Del otro lado de la brecha, mi oportunidad de poder ayudar

El 19 de septiembre del 2017, más de tres décadas después, justo en un aniversario más de aquel sismo de 1985, a las 13 horas con 14 minutos, ocurrió un terremoto de 7.1 grados de magnitud, cuyo epicentro estuvo a 12 kilómetros de Axochiapan, Morelos, en los límites entre Morelos y Puebla. Ese mismo día, a las 11 horas, en las oficinas de gobierno, escuelas, etc., se realizaba el macro simulacro que se implementó en México en 2004. El jefe de Gobierno de la Ciudad de México, Andrés Manuel López Obrador, instituyó "Septiembre mes de la Protección Civil", y a partir de entonces se desarrollan diversas actividades preventivas, como la organización de simulacros, a fin de fortalecer la cultura de la autoprotección. Es fundamental que la población de la capital del país sepa, cómo actuar en caso de sismo, pues con una adecuada previsión y reacción se pueden salvar vidas.

El gobierno también implementó la llamada **Alerta sísmica** que tiene la función advertir con anticipación a diversas ciudades cuando un sismo se estima fuerte y puede causar daños. El ingeniero y académico de la Universidad Nacional de México (UNAM), Juan Manuel Espinosa Aranda, es la persona que creó la Alerta Sísmica, quien entre 1989 y 1993 desarrolló e implementó el Sistema de Alerta Sísmica en la Ciudad de México.

Ante la incógnita del porqué el sismo sucedió el mismo día en que se recordaba el sismo de 1985, expertos del Servicio Sismológico Nacional (SSN), operado por la UNAM, y del Servicio sismológico Nacional coincidieron en que los temblores que se han registrado los días 19 de septiembre son una "desafortunada coincidencia", pues, destacan, los movimientos telúricos no se pueden predecir.[7]

En el momento que ocurrió el sismo me encontraba trabajando en el centro de salud "Dr. José Ma. Rodríguez". Estaba en consulta con una de mis pequeñas pacientes. Su mamá se encontraba afuera, en la sala de espera. Al sentir el temblor pensé que estaba mareada. Afuera escuché a mis compañeros médicos, enfermeras y pacientes que gritaban "está temblando". En ese momento salí con la niña, buscamos a su mamá y nos dirigimos al lugar asignado por el equipo de

---

7 | Disponible en: www.google.com/search?q=sistema+de+alerta+sismica+cdmx

protección civil junto al jardín. Sonó la alerta sísmica durante el movimiento; la tierra nuevamente se movió fuerte, como hace más de tres décadas. Mi corazón latió al recordar lo sucedido en aquel entonces. Teresita Fuentes, una enfermera que conocía mi historia, se quedó cerca de mí. Ella siempre me apoyó y sabía que yo, a pesar de aparentar tranquilidad, en realidad sentía una gran angustia. Nuevamente sentí ansiedad, quería saber de mi familia, de mi esposo, de mis mascotas que se encontraban en el departamento donde en ese entonces vivíamos en la colonia Álamos, una zona cercana a mi lugar de trabajo.

Una vez que terminó el sismo, el equipo de protección civil reportó que había edificios derrumbados. Los médicos, enfermeras y trabajadoras sociales se dirigieron hacia una colonia cercana al centro de salud, se había caído un edificio. Yo me dirigí a mi casa, tenía que saber cómo estaba mi familia. Las redes se saturaron, todos querían comunicarse con sus seres queridos. También se suspendió el servicio de transporte público. No podía detenerme y caminé hacia mi casa. Un extraño sentimiento inundaba mi alma y mi corazón. Temía vivir nuevamente aquella agonía. No estaba preparada para perder nuevamente a mis seres queridos y pasar por el proceso que me ha costado tanto tiempo y tanto dolor.

Cuando llegué a la calle cercana a mi domicilio, agradecí a Dios al ver mi edificio en pie. Subí a ver a mis gatitos y mi perrita, afortunadamente estaban bien, aunque noté que aún estaban asustados. Ellos reconocen el sonido de la alerta sísmica, saben que cuando suena deben esconderse. Sin embargo, este sismo nos tomó de sorpresa a todos, pues el algoritmo de estimación de magnitud, aún estaba en fase de pruebas. La administradora del edificio nos comentó que se revisó y no se encontraba dañado. Unas horas después llegó mi esposo, me comentó que tuvo que caminar desde su trabajo hasta la casa, no se encontraba funcionando el transporte público. Más tarde, en las noticias, reportaban edificios derrumbados. Se veían escenas escalofriantes que me recordaban mi propia experiencia. El miedo y la ansiedad nuevamente se apoderaron de mí, de mi esposo y de toda la sociedad, temíamos a las réplicas o un nuevo temblor. Esa noche fue muy difícil conciliar el sueño.

Al siguiente día me presenté a mi trabajo. Las actividades continuaron con normalidad, atendíamos a los pacientes, aunque la prioridad estaba en aquellas personas que habían sufrido la pérdida de algún ser querido, quienes presentaran síntomas de ansiedad y depresión. La directora del centro de salud solicitó personal que voluntariamente acudiera a apoyar en el edificio que se había derrumbado en la Colonia Obrera. A pesar del miedo y la angustia, me sentía comprometida a ayudar a quienes en ese momento sufrían y necesitaban ayuda médica y psicológica. Entonces me sumé al equipo de médicos, enfermeras y trabajadores sociales.

En el camino le pedía a Dios me ayudara, no sabía lo que iba a encontrar, pero seguramente había alguien a quien ayudar. Quería brindar ese apoyo psicológico que no tuve, escuchar a los familiares de quienes lamentablemente se encontraban en el edificio y no sobrevivieron. En cuanto llegué al lugar pude observar mucho movimiento, había mucha gente: personal de salud, del ejército, binomios caninos, vecinos ofreciendo alimentos, autos dañados, mucha tierra. En el lugar donde se encontraba el edificio había personal del ejército con sus perros; me uní al grupo de psicólogos que venían de la UNAM y otras instituciones. "Ya sacaron a la mayoría de las personas que se encontraban en el edificio, están retirando los escombros. Nosotros buscaremos a los familiares de las personas para brindar apoyo psicológico, intervención en crisis", comentó el responsable del equipo de salud mental que se formó en ese momento. Llegó un hombre que se acercó a mí. "¿En qué le puedo ayudar?", le dije. "Estoy buscando a mi hija, ella trabajaba en ese edificio y no la encuentro". En ese momento solo pensé en ayudar al señor. Él se encontraba en la misma situación en la que estuvimos mi familia y yo, tenía que ayudarlo. Entonces lo llevé con el personal encargado de la brigada. Ellos lo llevaron junto con otra chica que buscaba a su hermana a la zona donde se encontraba el edificio. Aún había algunos escombros. Todos guardamos silencio mientras los perros olfateaban y buscaban algún ser humano que se encontrara allí. Observé un gran respeto al trabajo de estos animalitos, quienes noblemente exponían sus vidas, al igual que sus dueños.

Un binomio canino está conformado por un humano y un perro, ambos capacitados para realizar una tarea específica, en este caso, la localización de personas atrapadas en estructuras colapsadas o extraviadas. En la protección civil los binomios caninos juegan un papel fundamental en la búsqueda y rescate de personas. Frida, fue una de las perritas que trabajó en el rescate, trabajó para la Secretaría de Marina, institución militar donde fue entrenada con una especialidad en estructuras colapsadas.

Al terminar nuestra jornada de ese día, 21 de septiembre del 2017, regresamos a nuestro lugar de trabajo. Se formaron nuevas brigadas en las que participé. Salíamos a las calles y en determinados lugares en donde se instalaban carpas, escuchábamos a niños, jóvenes y adultos que deseaban contar su experiencia; la finalidad era proporcionar intervención en crisis, es decir, escuchábamos a las personas en el momento en que aún sentían angustia, miedo etc., con la finalidad de evitar algún desequilibrio emocional, además de ayudar a la persona a recuperar el nivel de funcionamiento que tenía antes de la crisis. En primera instancia se proporcionan los primeros auxilios psicológicos para restablecer el enfrentamiento inmediato ante la crisis que está viviendo y en segunda instancia brindar a las personas que lo requieren un proceso Psicoterapéutico dirigido a ayudar a tratar de entender los sucesos traumáticos.

Este trabajo fue difícil para mí, me enfrenté a mis propios miedos en un suceso semejante al que viví 30 años atrás. Sin embargo, me sentía comprometida con aquellas personas que en ese tiempo se volcaron a ayudar, a quienes me rescataron con vida. Al escuchar a aquellas personas me veía a mí misma platicando mi historia, a aquellos seres que me entendieron y respetaron mi dolor. Tal vez no recibí la ayuda psicológica o médica que necesitaba en ese momento, pero también entiendo que los conceptos siempre van de la mano con la sociedad del momento, la religión y la cultura, es decir, en México, la atención de la salud mental era limitada y no era una prioridad. Existía un número limitado de psicólogos y psiquiatras en un centro o clínica de salud a nivel público. Además de que siempre se ha estigmatizado a la persona que tiene algún síntoma de depresión, ansiedad, o algún problema emocional.

Con el tiempo, y gracias a los estudios realizados por expertos, la salud mental ha tenido importancia. Uno de los primeros estudios fue sobre los riesgos a la salud mental de estudiantes universitarios, quienes expresaron haber tenido un impacto importante ante situaciones de violencia, consumo de sustancias, síntomas de depresión, ansiedad garantizada y estrés agudo. También, presentaron cambios de humor, enojo repentino, aparición de enfermedades, angustia, nervios, inseguridad, tensión, pensamientos e intentos de suicidio.

De esta manera, puedo decir que he dedicado mi vida a ayudar a las personas desde mi propia experiencia, a través de mi profesión. Por esta razón me atreví a contar mi historia, a pesar de los juicios, críticas y descalificaciones que recibí por el simple hecho de sobrevivir, de presentar los síntomas de depresión, el síndrome del sobreviviente u otros síntomas que cualquiera hubiera presentado en esta situación o en las mencionadas anteriormente. Tampoco temo a las críticas que las personas hagan hacia mi persona como profesional de la salud mental. Ya las hicieron en el pasado, y sí me afectaron, sin embargo, aprendí que han sido de parte de personas no empáticas, que se rigen por prejuicios y no se atreven a enfrentar y resolver sus propios problemas.

Todos estamos expuestos a sufrir una situación semejante, nos encontramos en un país cuya localización se encuentra el Cinturón de Fuego del Pacífico, el nombre se debe al alto grado de sismicidad que resulta de la movilidad de cuatro placas tectónicas: norteamericana, Cocos, Rivera y del Pacífico. Por lo tanto, nos encontramos en una zona sísmica.

Con este trabajo deseo contribuir desde el punto de vista psicológico y humano a la sensibilización de la sociedad ante el sufrimiento.

En la actualidad nos enfrentamos a la inmediatez, a la apatía de las personas a luchar y trabajar por un bien común. México es un país que se ha solidarizado cuando otros países o estados han sufrido algún desastre por un fenómeno natural. Hemos apoyado enviando alimentos, medicamentos, ropa. Un ejemplo lo vimos en el terremoto de Siria y Turquía el 9 de febrero de 2023 en el que acudieron cuadrillas de rescate de todo el mundo, incluyendo de nuestro país.

Pienso que no es necesario que ocurra un desastre para despertar la solidaridad entre los seres humanos. Es importante recuperar nuestros valores dentro de nuestras familias. El respeto, la empatía, generosidad, amor, justicia, gratitud, paciencia, etc, que son un conjunto de creencias, principios, costumbres, relaciones respetuosas y demostraciones de afecto que se trasmiten a través de generaciones, fortalecen los lazos de unión, respeto y confianza. Los valores son los conceptos que influyen en la forma en la que actuamos y nos comportamos, al tiempo que nos hacen mejores personas y permiten que haya certidumbre en la forma en la que se desenvuelve la vida cotidiana.

Lic. en Psicología y Lic. en Trabajo Social por la UNAM, con especialidad en Psicoterapia Familiar. Trabajo en los Servicios de Salud del IMSS Bienestar. Laboré como Trabajadora social durante 11 años, posteriormente y hasta la fecha, me desempeño como Psicóloga Clínica. Cuento con diplomados en Reingeniería Humana, Adolescencia, Manejo del Trauma y del Duelo, así como otros temas de salud mental. Desde muy joven me di cuenta de que me gustaba ayudar a la gente y por esta razón decidí estudiar dos carreras en las que se tiene contacto directo con la gente de todas las edades.

Made in the USA
Coppell, TX
06 February 2025

45485413R00114